DICAS PRECIOSAS DE REDAÇÃO
RUMO À EXCELÊNCIA

Editora Appris Ltda.
1.ª Edição - Copyright© 2021 da autora
Direitos de Edição Reservados à Editora Appris Ltda.

Nenhuma parte desta obra poderá ser utilizada indevidamente, sem estar de acordo com a Lei nº 9.610/98. Se incorreções forem encontradas, serão de exclusiva responsabilidade de seus organizadores. Foi realizado o Depósito Legal na Fundação Biblioteca Nacional, de acordo com as Leis nos 10.994, de 14/12/2004, e 12.192, de 14/01/2010.

Catalogação na Fonte
Elaborado por: Josefina A. S. Guedes
Bibliotecária CRB 9/870

T693d 2021	Torres, Lívia Guimarães Aragão
	   Dicas preciosas de redação : rumo à excelência / Lívia Guimarães Aragão Torres. – 1. ed. - São Paulo : Appris, 2021.
	   121 p. ; 23 cm.
	
	   Inclui bibliografia.
	   ISBN 978-65-250-0576-8
	
	   1. Língua portuguesa – Redação. 2. Redação acadêmica. I. Título. II. Série.
	
	                                                      CDD – 469.5

Livro de acordo com a normalização técnica da ABNT

Editora e Livraria Appris Ltda.
Av. Manoel Ribas, 2265 – Mercês
Curitiba/PR – CEP: 80810-002
Tel. (41) 3156 - 4731
www.editoraappris.com.br

Printed in Brazil
Impresso no Brasil

Lívia Guimarães Aragão Torres

DICAS PRECIOSAS DE REDAÇÃO
RUMO À EXCELÊNCIA

FICHA TÉCNICA

EDITORIAL
Augusto V. de A. Coelho
Marli Caetano
Sara C. de Andrade Coelho

COMITÊ EDITORIAL
Andréa Barbosa Gouveia (UFPR)
Jacques de Lima Ferreira (UP)
Marilda Aparecida Behrens (PUCPR)
Ana El Achkar (UNIVERSO/RJ)
Conrado Moreira Mendes (PUC-MG)
Eliete Correia dos Santos (UEPB)
Fabiano Santos (UERJ/IESP)
Francinete Fernandes de Sousa (UEPB)
Francisco Carlos Duarte (PUCPR)
Francisco de Assis (Fiam-Faam, SP, Brasil)
Juliana Reichert Assunção Tonelli (UEL)
Maria Aparecida Barbosa (USP)
Maria Helena Zamora (PUC-Rio)
Maria Margarida de Andrade (Umack)
Roque Ismael da Costa Güllich (UFFS)
Toni Reis (UFPR)
Valdomiro de Oliveira (UFPR)
Valério Brusamolin (IFPR)

ASSESSORIA EDITORIAL
Lucas Casarini

REVISÃO
Josiana Araújo Akamine

PRODUÇÃO EDITORIAL
Lucielli Trevizan

DIAGRAMAÇÃO
Yaidiris Torres

CAPA
Amy Maitland

COMUNICAÇÃO
Carlos Eduardo Pereira
Débora Nazário
Karla Pipolo Olegário

LIVRARIAS E EVENTOS
Estevão Misael

GERÊNCIA DE FINANÇAS
Selma Maria Fernandes do Valle

COORDENADORA COMERCIAL
Silvana Vicente

Aos meus alunos, fonte de aprendizado constante e muita inspiração.

AGRADECIMENTOS

A Deus pela inspiração e ao fôlego que sempre me concebe para cada desafio de vida.

À minha família que está presente em todos os momentos sempre me encorajando, mostrando que posso ser melhor e acreditando em TUDO que faço.

Aos meus amigos, alunos e companheiros de educação que confiam em meu trabalho e me ensinam dia após dia.

O conhecimento serve para encantar as pessoas, não para humilhá-las.

(Mario Sérgio Cortella)

APRESENTAÇÃO

Delia Lerner nos ensina que participar da cultura escrita supõe apropriar-se de uma tradição de leitura e escrita, supõe, portanto, assumir uma herança cultural que envolve a relação de vários conhecimentos.

Destarte, trabalhando, questionando, fazendo interlocuções na ação e reflexão, percebi a necessidade de um livro que abordasse de forma clara o quão é necessário a leitura fluida para a produção de textos eficientes, ou seja, é preciso dar significado ao texto, muito além de decodificar símbolos escritos, deve-se transpor a oralidade e produzir uma redação que é alimentada pela leitura e pelo pensamento que se constrói a partir das informações que todos adquirem num processo social.

PREFÁCIO

Escrever é mágico e encantador, porque é uma forma de expressar ideias e eternizá-las. Mas como se tornar um bom escritor? Seria uma arte inata? Quando nós lemos textos consagrados, podemos dizer categoricamente que sim! Escrever é uma arte, que nasce com o indivíduo vocacionado.

Entretanto, eu coloco aqui uma reflexão importante que contrapõe isso que disse no parágrafo anterior: qualquer pessoa pode se tornar um escritor de excelência! Sim, qualquer pessoa, acredite! Para tanto, existem técnicas, metodologias e ensinamentos fantásticos. Nesse contexto, o presente livro apresenta-se como uma fonte rica de informações para torná-lo um grande escritor.

Quem iria imaginar, por exemplo, que um bom escritor deve ser, antes de qualquer coisa, um bom leitor? Não por acaso, este livro inicia com dicas de leitura. Então, o primeiro passo você já deu, leitor: adquirir um livro que lhe ensina os caminhos para redigir com excelência. Boa sorte nesta jornada e ótima leitura!!!!!

Helder Guimarães Aragão
Mestre em Sistemas e Computação, especialização em Componentes Distribuídos
e Web e graduação em Ciência da Computação; Autor de dois livros na área de
computação.

SUMÁRIO

CAPÍTULO 1
PARA COMEÇAR A ENTENDER AS PALAVRAS... 17
1.1 A FORÇA DAS PALAVRAS 17
1.2 AS FUNÇÕES DA LINGUAGEM 19
1.3 SUA COMUNICAÇÃO E SEU VOCABULÁRIO 28
1.4 DICAS DE LEITURA 31

CAPÍTULO 2
VAMOS REFLETIR? 37
2.1 TÉCNICAS ARGUMENTATIVAS 40
2.2 AS LÍNGUAS MUDAM 48
2.3 DOS TEMPOS DE DRUMMOND 50
2.4 AS LIÇÕES DE OUTROS ESCRITORES 51

CAPÍTULO 3
A REDAÇÃO NO VESTIBULAR 55
3.1 GÊNEROS E TIPOLOGIAS TEXTUAIS 57
3.2 A REDAÇÃO EM DISPUTA 60
3.3 PARTICULARIDADES DO VESTIBULAR E DO ENEM 68
3.4 A ARGUMENTAÇÃO 71
3.5 A APRESENTAÇÃO DE SEU TEXTO 76

CAPÍTULO 4
MANUAL DE REDAÇÃO 79
4.1 COESÃO TEXTUAL 84
4.2 AS PROVAS DE REDAÇÃO DO ENEM 86
4.3 ENEM: RUMO À EXCELÊNCIA 87

CAPÍTULO 5
TEMAS PARA DISSERTAR 109
5.1 PLANEJAMENTO TEXTUAL 118
5.2 REPERTÓRIO SOCIOCULTURA 118

REFERÊNCIAS 119

Capítulo 1

PARA COMEÇAR A ENTENDER AS PALAVRAS...

Para a concepção crítica, o analfabetismo nem é uma "chaga", nem uma "erva daninha" a ser erradicada[...], mas uma das expressões concretas de uma realidade social injusta.

(Paulo Freire)

1.1 A FORÇA DAS PALAVRAS

Palavras assustam mais do que fatos: às vezes é assim.

Descobri isso quando as pessoas discutiam e lançavam palavras como dardos sobre a mesa de jantar. Nessa época, meus olhos mal alcançavam o tampo da mesa e o mundo dos adultos me parecia fascinante. O meu era demais limitado por horários que tinham de ser obedecidos (por que criança tinha de dormir tão cedo?), regras chatas (por que não correr descalça na chuva, por que não botar os pés em cima do sofá, por quê, por quê, por quê...?), e a escola era um fardo (seria tão mais divertido ficar lendo debaixo das árvores no jardim de casa...).

Mas, em compensação, na escola também se brincava com palavras: lá, como em casa, havia livros, e neles as palavras eram caramelos saborosos ou pedrinhas coloridas que a gente colecionava, olhava contra a luz, revirava no céu da boca... E às vezes cuspia na cara de alguém de propósito, para machucar.

Depois houve um tempo (hoje não mais?) em que palavras eram cortadas por reticências na tela do cinema, enquanto sobre elas se representavam cenas que, como se dizia no tempo dos pudores, fariam corar um frade de pedra.

Palavras ofendem mais do que a realidade – sempre achei isso muito divertido. Palavras servem para criar mal-entendidos que magoam durante anos:

– Você aquela vez disse que eu...

– De jeito nenhum, eu jamais imaginei, nem de longe, dizer uma coisa dessas....

– Mas você disse...

– Nunca! Tenho certeza absoluta!

Vivemos nesses enganos, nesses desencontros, nesse desperdício de felicidade e afeto. No sofrimento desnecessário, quando silenciamos em lugar de esclarecer. "Agora não quero falar nisso", dizemos. Mas a gente devia falar exatamente disso que nos assusta e nos afasta do outro. O silêncio, quando devíamos falar, ou a palavra errada, quando devíamos ter ficado quietos: instauram-se, assim, o drama da convivência e a dificuldade do amor.

Sou dos que optam pela palavra sempre que é possível. Olho no olho, às vezes mão na mão ou mão no ombro: vem cá, vamos conversar? Nem sempre é possível. Mas, em geral, é melhor do que o silêncio crispado e as palavras varridas para baixo do tapete.

Não falo do silêncio bom em que se compartilham ternura e entendimento. Falo do mal de um silêncio ressentido em que se acumulam incompreensão e amargura – o vazio cresce e a mágoa distancia na mesma sala, na mesma cama, na mesma vida. Em parte porque nada foi dito, quando tudo precisaria ser falado, talvez até para que a gente pudesse se afastar com amizade e respeito quando ainda era tempo.

Falar é também a essência da terapia: pronunciando o nome das coisas que nos feriram, ou das que nos assustam mais, de alguma forma adquirimos sobre elas um mínimo controle. O fantasma passa a ter nome e rosto, e começamos a lidar com ele. Há estudos interessantíssimos sobre os nomes atribuídos ao diabo, a enfermidades consideradas incuráveis ou altamente contagiosas: muitas vezes, em lugar das palavras exatas, usamos eufemismos para que o mal a que elas se referem não nos atinja.

A palavra faz parte da nossa essência: com ela, nos acercamos do outro, nos entregamos ou nos negamos, apaziguamos, ferimos e matamos. Com a palavra, seduzimos num texto; com a palavra, liquidamos – negócios, amores. Uma palavra confere o nome ao filho que nasce e ao navio que transportará vidas ou armas.

"Vá", "Venha", Fique", "Eu vou", "Eu não sei", "Eu quero, mas não posso", "Sim, eu mereço" – dessa forma, marcamos as nossas escolhas, a derrota diante do nosso medo ou a vitória sobre o nosso susto. Viemos ao mundo para dar nomes às coisas: dessa forma nos tornamos senhores delas ou servos de quem as batizar antes de nós.

> LUFT, Lya. A força das palavras. **Revista Veja**, São Paulo, p. 20, 14 de julho de 2004.

1.2 AS FUNÇÕES DA LINGUAGEM

A comunicação tem a finalidade de transmitir uma mensagem. A partir disso, sempre tem um emissor que usa um código para enviar a mensagem a um receptor; a mensagem, por sua vez, refere-se a um contexto que passa por um canal que transmite a passagem da emissão para a recepção. Assim, quando se estabelece uma comunicação, todos os fatores entram em jogo. Pode-se falar em predominância de um deles, conforme o tipo de mensagem, prevalecendo, dessa forma, uma determinada função da linguagem.

Acompanhe o seguinte texto:

OS DOIS NÃO SABIAM INVENTAR ACONTECIMENTOS

Sentavam-se no que é de graça: banco de praça pública. E ali acomodados, nada os distinguia do resto do nada. Para a grande glória de Deus.

Ele: — Pois é.

Ela: — Pois é o quê?

Ele: — Eu só disse pois é!

Ela: — Mas "pois é" o quê?

Ele: — Melhor mudar de conversa porque você não entende.

Ela: — Entender o quê?

Ele: — Santa Virgem, Macabéa, vamos mudar de assunto e já!

Ela: — Falar então de quê?

Ele: — Por exemplo, de você.

Ela: — Eu?!

Ele: — Por que esse espanto? Você não é gente? Gente fala de gente.

Ela: — Desculpe, mas não acho que sou muito gente.

Ele: — Mas todo mundo é gente, meu Deus!

Ela: — É que não me habituei.

Ele: — Não se habituou com quê?

Ela: — Ah, não sei explicar.

Ele: — E então?

Ela: — Então o quê?

Ele:	—	Olhe, eu vou embora porque você é impossível!
Ela:	—	É que só sei ser impossível, não sei mais nada. Que é que eu faço para conseguir ser possível?
Ele:	—	Pare de falar porque você só diz besteira! Diga o que é do teu agrado.
Ela:	—	Acho que não sei dizer.
Ele:	—	Não sabe o quê?
Ela:	—	Hein?
Ele:	—	Olhe; até estou suspirando de agonia. Vamos não falar em nada, está bem?
Ela:	—	Sim, está bem, como você quiser.
Ele:	—	É, você não tem solução. Quanto a mim, de tanto me chamarem, eu virei eu. No sertão da Paraíba não há quem não saiba quem é Olímpico. E um dia o mundo todo vai saber de mim.
[...]	—	

LISPECTOR, Clarice. **A hora da estrela.** Rio de Janeiro: José Olympio, 1977.

Vamos treinar?

ENTENDIMENTO DO TEXTO

1. Caracterize os personagens Macabéa e Olímpico do diálogo anterior.
2. No diálogo entre o casal, em vários momentos as falas têm objetivos diferentes. Uma das funções das falas é manter a conversação – não há intenção de informar. Dê exemplos disso.
3. Cite uma passagem do texto em que se note que a função da fala é informar.

As seis funções da linguagem:

1. A função fática

O diálogo entre Olímpico e Macabéa é totalmente vazio: não há conteúdo naquilo que dizem um para o outro.

Esse tipo de contato, em que a conversa se desenvolve, cumpre-se uma das funções da linguagem: a função fática. Estabelece o contato entre expressões de um modo superficial, quase automático.

2. Função referencial

Essa função tem o predomínio da informação, é escrito em terceira pessoa. Predomina nos textos científicos, nas matérias jornalísticas em geral, nos avisos, nos filmes documentários, dissertações, nas mensagens objetivas, e tem como eixo o referente, assim, é um texto denotativo.

Acompanhe o seguinte texto:

No Brasil, o sistema escravocrata, que perdurou do século XVI até o XIX, representou uma conjuntura política e econômica baseada no preconceito e na violência. Não longe deste contexto, os negros ainda são alvos da dominação e da repressão no país, seja pela segregação destes indivíduos nas sociedades, seja pela não efetivação do artigo 6° da Constituição Federal de 1988, que chancela o acesso aos direitos sociais garantidos pelo Estado. Nessa perspectiva, é essencial que o Ministério da Educação – MEC – coopere para mitigar o legado da escravidão no "tecido social".

Em primeira análise, é evidente que a herança ideológica do processo de dominação europeia sobre os costumes e os povos africanos, como um recurso econômico produtivo, conservou-se na coletividade e perpetuou a exclusão desta tipologia fenotípica. Nesse viés, segundo Michel Foucault, filósofo e historiador francês, o poder articula-se em uma linguagem que cria mecanismos de controle e coerção, os quais aumentam a subordinação. Sob essa ótica, constata-se que o discurso hegemônico introduzido, na modernidade, moldou o comportamento do cidadão a crer que o negro não deve usufruir do direito à vida e à liberdade, o que enfraquece o princípio constitucional de justiça e equidade. Desse modo, o legado do preconceito étnico deve ser combatido.

Ademais, compreende-se que uma comunidade que restringe as garantias sociais, por meio do racismo, representa um retrocesso para a coletividade que preza por igualdade. Nesse sentido, Ângela Davis, educadora e ativista do Movimento Negro e Feminista estadunidense, afirma que o preconceito, como herança do período escravista, contribui veementemente para a desumanização da população negra no mundo. Seguindo essa linha de pensamento, observa-se que a mobilidade, a segurança, a previdência social e a assistência estatal aos afro-americanos é, em grande escala, impossibilitada no Brasil. Dessa forma, nota-se que a Constituição e a democracia ainda não são realidade no país.

Depreende-se, portanto, a importância da desconstrução do racismo no mundo. Conclui-se, então, que o governo – órgão atribuído à estabilidade, ordem e progresso de uma nação – deve, em conjunto ao MEC, orquestrar e realizar, por meio de investimentos governamentais, o incremento curricular, com matérias específicas que ensinem a história e os aspectos antropológicos dos negros, a fim de que ocorra a construção ativa e política dos jovens imersos no campo de uma educação que contribua para a compreensão de que o racismo e seu legado estrutural devem ser combatidos. Assim, uma sociedade verdadeiramente democrática será alcançada.

Texto cedido por Erick Porto Nunes (aluno da autora)

Vamos treinar?

ENTENDIMENTO DO TEXTO

1. O texto faz algum aporte histórico? Qual?
2. Qual foi a ideia que o autor usou de Michel Foucault, filósofo e historiador francês? E de Ângela Davis, educadora e ativista do Movimento Negro e Feminista estadunidense?
3. Qual a principal crítica feita pelo autor?

3. Função metalinguística ou metalinguagem

Essa função tem o código em questão. Note que, no dicionário, temos a informação metalinguística completa: a origem da palavra (latim); sua categoria gramatical (um substantivo); seus significados.

Exemplo: amizade (a·mi·za·de) sf. Sentimento de afeição, estima, ternura etc. que une uma pessoa a outra sem implicar, necessariamente, a existência de laços de família.

Outro tipo de metalinguagem é a **legenda**, ou seja, uma explicação que acompanha fotos ou ilustrações: é um código verbal traduzindo outro. O elemento mais importante novamente é o código – mais uma vez metalinguagem, como no exemplo:

Nome científico: Moquilea tomentosa. Origem: brasileira de áreas de mata atlântica, em especial Amazonas, Bahia e Ceará.

4. Função conativa ou apelativa

Essa função tenta persuadir o receptor. A palavra "conativa" tem sua origem no termo latino *conatum*, cujo significado é "tentar influenciar alguém por meio de um esforço". Marcada por verbos no imperativo, pela presença da segunda pessoa (você) e pelo vocativo, a função conativa frequentemente tenta convencer o receptor de algo. É centrada no receptor e carrega traços de argumentação/persuasão.

Exemplo:

Coma o MELHOR hambúrguer da cidade.
Você não vai se arrepender!

Função conativa e repertório

Como já vimos, é muito importante haver adequação entre o emissor e o receptor na construção da mensagem – é fundamental construir textos que "falem a mesma língua" do receptor. Atenção: o repertório – ou conjunto de signos de determinado universo – deve ser adequado ao tipo de público.

5. Função emotiva (ou expressiva) e a explicação do "eu"

FALANDO DE AMOR
Se eu pudesse por um dia,
Esse amor, essa alegria
Eu te juro, te daria
Se pudesse, esse amor todo dia

Chega perto,
Vem sem medo
Chega mais,
Meu coração,
Vem ouvir esse segredo
Escondido num choro-canção.

Se soubesses como eu gosto
Do teu cheiro, teu jeito de flor...
Não negavas um beijinho
A quem anda perdido de amor

Chora flauta, chora pinho
Choro eu, o teu cantor,
Chora manso, bem baixinho,
Nesse choro falando de amor.

Quando passas, tão bonita
Nessa rua banhada de sol,
Minha alma segue Aflita:
E eu me esqueço até do futebol.

Vem depressa, vem sem medo
Foi pra ti meu coração
Que eu guardei esse segredo
Escondido num choro-canção.

Lá no fundo
Do meu coração!

JOBIM, Antonio Carlos. **Falando de amor**. Rio de Janeiro: Gravadora Galeão, 1981.

Essa função é a expressão centrada no emissor. Na canção de Antônio Carlos Jobim, "Falando de amor", percebe-se que é marcado pelo pronome em primeira pessoa ("Se eu pudesse... eu te juro... como eu gosto...").

Apesar de dialogar com uma segunda pessoa – a amada que passa todos os dias pela rua –, predomina o "eu" como eixo. Configura-se, assim, uma mensagem emotiva, que faz aflorar sentimentos.

Há uma direção do emissor para o receptor – "se soubesse", não negavas", "quando passas", foi pra ti" –, como se estivesse chamando a amada a se incluir no contexto de seu amor. Aí ocorrem duas funções de linguagem: a **emotiva** (centrada no "eu") e a conativa (localizada no "tu"). A função emotiva implica, sempre, uma marca subjetiva de quem fala, no modo como fala.

> PIGNATARI, Décio. **Informação, Linguagem, Comunicação**. São Paulo: Ateliê, 2002.

6. Função poética

Acompanhe o poema "Serenata sintética"

Rua
Torta

Lua
Morta

Tua
Porta

> MIRANDA, José Américo. **Entre o instante e o tempo: Um poema de Cassiano Ricardo**. Programa de Pós-Graduação em Letras: Estudos Literários da Faculdade de Letras da UFMG, 1981. Disponível em: http://www. letras.ufmg.br/poslit. Acesso em: 20 nov. 2020.

Essa função busca o arranjo especial de palavras. Uma mensagem é constituída de forma e conteúdo. Se o fator mais enfatizado é o conteúdo, temos a função referencial (como já vimos). Se, no entanto, além de comunicar algo, a própria mensagem é bem elaborada, com jogo de sons, com figuras de estilo, com repetições, com a disposição das palavras no papel, temos função poética.

Função poética é mensagem centrada na própria mensagem. Diferente, pois, de função emotiva – quando o "eu" prevalece. A função poética pode estar fora do poema, nos trocadilhos, nas narrativas, nos textos de propagandas [...].

> PIGNATARI, Décio. **Informação, Linguagem, Comunicação**. São Paulo: Ateliê, 2002.

DICAS PRECIOSAS DE REDAÇÃO: RUMO À EXCELÊNCIA

Vamos treinar?

PROPOSTAS DE PRODUÇÃO TEXTUAL

1. Produza um diálogo entre dois amigos íntimos usando a função fática. Seja criativo.

2. Complete a ideia do parágrafo a seguir. Use a função referencial.

Escravos de uma sociedade exacerbadamente capitalista, e advindos de um grande avanço tecnológico e informacional recente, os indivíduos confundem a necessidade, com o consumismo. Ademais, com toda a euforia que o mercado consumidor proporciona, hodiernamente, tecnologias e novos produtos, que revolucionam o mundo, torna-se mais difícil valorizar o ser (benevolente, o caráter) em relação ao ter (bens de materiais de consumo) como bem retratou Einstein ao dizer que é chocantemente óbvio o quanto o ambiente tecnológico excede a sociedade, deixando os verdadeiros valores de escanteio e alimentando a massificação de uma sociedade alienada e manipulada para consumir.

Texto cedido por Rayssa Tolentino Gomes (aluna da autora)

1. Defina as palavras seguintes (use a sua concepção, não precisa usar o dicionário, viu?):

a. Corrupção.

b. Impunidade.

c. Mulher.

d. Negro.

2. Escolha dois temas e produza frases publicitárias (função conativa) destinadas a um mesmo público (atenção para adequar o repertório).

e. Uma viagem à Disneyworld.

f. Um festival de rock.

g. Um desfile de modas.

h. Uma disputa esportiva.

i. Uma atividade de assistência social.

3. Acompanhe o seguinte depoimento:

Se aprendi alguma coisa no ano que passou foi ser presente e sonhar. O sonho, para mim, nada mais é do que o desejo firme e consciente de realizar algo, é onde tudo começa. Paciência é deixar o sonho se realizar. O ano que passou foi difícil, mas foi bom. Todo mundo já viu esse filme. Para mim, foi complicado porque, depois de passar algum tempo vivendo no exterior, voltei ao Brasil. E mudar sempre dá trabalho. Além disso, me separei do homem que amei durante 10 anos e que é o pai da minha única filha. Quando o conheci tive a certeza de que ele era o homem com quem iria dividir o resto dos meus dias. Estava enganada. No entanto, apesar da sensação de fracasso e perda que toda separação traz, entendi que não se pode lastimar eternamente o que passou. O tempo não para, já dizia Cazuza. [...]

> DIP, Paula. **Primeira pessoa. Mais Vida**. Florianópolis: Editora Três, dez. 1997, p. 97.

Produza um depoimento em primeira pessoa sobre um acontecimento já ocorrido (o ano que passou, a festa de 15 anos de uma amiga, a pandemia do Coronavírus, um namoro que acabou...)

1.3 SUA COMUNICAÇÃO E SEU VOCABULÁRIO

No nosso dia a dia, muitos são os casos de conflitos entre os indivíduos resultante de palavras mal-empregadas. E, muitas vezes, quando nos expressamos, não conseguimos atingir nosso objetivo, porque usamos uma linguagem inadequada para o receptor.

Assim, para expressarmos por escrito ou oralmente, devemos buscar as palavras mais adequadas tanto ao ambiente quanto ao público alvo, ao receptor. Por exemplo: a linguagem que você usa no campo de futebol, para protestar contra o juiz que marcou uma injusta penalidade máxima contra o seu time, não será igual a que você usará para protestar contra o professor. São protestos, mas os receptores, os ambientes, são diferentes...

Temos que ter muito cuidado, porque às vezes, ao invés de comunicarmos uma certeza, comunicamos uma opinião, tornando discutível aquilo que, por ser um fato já constatado, é discutível. Por exemplo: "Vinicius de Moraes é um poeta e compositor brasileiro", não há o que discutir. Apenas constata-se o fato. Porém, se a expressão for: "Vinicius de Moraes é o melhor poeta e compositor brasileiro" é uma opinião da qual você pode discordar.

Tudo isso deve fazer você refletir sobre as palavras que usa. Há entre nós uma grande mania de empregar adjetivos ou palavras indicadoras de qualidade. É preciso muito cuidado. Tais palavras podem traduzir um julgamento nosso e, por isso, tornar discutíveis as afirmações que fazemos. Elas devem ser usadas somente quando realmente desejamos emitir uma opinião nossa, mas devem ser evitadas, contudo, quando enunciamos um fato.

Não basta, porém, usar palavras adequadas e claras para que a comunicação se torne eficaz. Faz-se necessário ter uma expressão simples, mas movimentada. E você consegue imprimir movimento à sua comunicação usando palavras expressivas.

Você entendeu que da escolha feliz ou infeliz das palavras dependerá a sua comunicação. As palavras que você usa devem estar adequadas aos condicionamentos sociais, emocionais do seu receptor – em síntese: à situação do seu receptor (lugar e momento). Você pode ser julgado um "grosso" mesmo que não seja – por causa de uma palavra mal empregada em determinada situação. Na vida, muitas vezes temos de usar palavras que suavizam certas verdades chocantes ou desagradáveis. Olhe que nem sempre podemos dizer a uma pessoa sem ofendê-la: "Você é burro"; "O trabalho que fez está horrível, não vale nada". O que ocorre na prática? Nós suavizamos tais verdades duras utilizando outras formas de expressão: "Você está com dificuldade de entender isso"; "Você pode fazer um trabalho melhor". Já reparou quantas formas diferentes existem para atenuar o verbo morrer? "Ele descansou"; "Deus o levou para a sua glória"; "ele viajou", etc.

A linguagem é "uma instituição social". O grupo social que fala uma língua cria certas convenções, tem determinados conceitos e preconceitos. Várias pessoas, por exemplo, não falam a palavra "diabo". Criam inúmeras expressões para não pronunciar o nome do "malandro", porque o "sujo" aparece.

Tais conceitos e preconceitos da sociedade marginalizam certas palavras, que passam a ser chamadas de "palavrões", imprimem conotação de dureza a determinadas palavras e de delicadezas a outras tantas.

Mas, como o conceito da sociedade muda, muda também o valor conotativo que o grupo social imprime às palavras. Até uns vinte anos atrás, chamar alguém de "bicho" era uma ofensa. Hoje nem sempre a palavra "bicho" é ofensiva. Ao contrário, hoje "bicho" é uma palavra mais usada com um sentido de intimidade que de ofensa. Mas é diferente o significado que tem o feminino da palavra.

Você conclui que a linguagem é algo convencional, convenção estabelecida pelo próprio grupo social. Mas, apesar desse caráter convencional, seria um grave erro de comunicação usarmos qualquer palavra em qualquer ambiente. Nem todas as palavras podem ser usadas em qualquer ambiente ou dita para qualquer receptor, sob pena de criarmos uma situação desfavorável a você e à sua mensagem se, num ambiente de aula ou de trabalho, usasse certas palavras tidas como palavrões. Da mesma forma, seria erro de comunicação e emprego de uma linguagem essencialmente técnica ou excessivamente erudita para um receptor que não conhece (ou não está obrigado a conhecer) tal linguagem técnica ou erudita. Já pensou um médico diagnosticar para um paciente mais humilde: "essa sua hipertensão e cefaleia são síndromes de problemas psicossomáticos". O "cara" sairia do consultório para encomendar o caixão...

Apesar de gramaticalmente correta, de cientificamente exata, tal linguagem, em termos de comunicação, está tão errada quanto uma linguagem que, na mesma situação, usasse os mais grosseiros palavrões.

REVISTA Língua Portuguesa. Editora Segmento. Disponível em: www.revistalíngua.com.br. Acesso em: 10 jan. 2020.

Vamos treinar?

Reflita:

Gradativamente, o homem vem se tornando não só um consumidor, mas como também, um veículo de massificação e propagandas, que ao adquirir produtos de determinadas marcas, promovem divulgação e despertam o desejo de mais indivíduos a obterem o produto. Dessa forma alimentando o capitalismo, manipulando as pessoas em que o conceito de a felicidade está em bens materiais em esbanjar e ostentar. E por conseguinte incitando desejo de consumir, como o proposto por Marx no Fetichismo de Mercadoria, que lhes proporciona prazer e garante status, poder e visibilidade diante a sociedade.

DICAS PRECIOSAS DE REDAÇÃO: RUMO À EXCELÊNCIA

Sob esse viés, é inquestionável que o homem é facilmente maleável, o que demonstra o quanto suas decisões são líquidas e até onde a mídia capitalista pode influenciar em sua percepção de mundo, e em seu senso crítico, construindo estereótipos fúteis, gerando até uma exclusão social diante do sentimento de poder, superioridade e ostentação que há, acentuando ainda mais a não valorização do ser benevolente e sim quem tem aquisições materiais de consumo. Destarte, o entrave citado deve ser coagido antes que se propague uma desvalorização em maior escala e alienação de conceitos fixos, de maneira que impactará no bem comum em sociedade.

Mediante o elencado é mister que a comunidade precisa visualizar o consumismo como um entrave e não como algo nababesco, pois como discorreu Greta Thunberg é reconhecendo uma crise, que ela poderá ser resolvida. Destarte, a comunidade deve valorizar de maneira plausível o ser, mais do que o ter, levando em consideração a integridade e índole, quanto a mídia deve rever seus conceitos como influenciadora para propor a prática de consumo que não remeta apenas ao capitalismo, mas também a reflexão de necessidade ou posição supérfluo, por meio de propagandas persuasivas de alcance nacional, afim de evitar a alienação e consequentemente atenuando as discrepâncias sócias capitalistas que ainda existem na sociedade.

Texto cedido por Rayssa Tolentino Gomes (aluna da autora)

Vamos treinar?

Faça uma pesquisa sobre "Fetichismo da Mercadoria", discutida por Karl Marx.

1.4 DICAS DE LEITURA

A prova de redação do Enem e da maioria dos vestibulares é articulada à leitura dos textos motivadores de diversos gêneros discursivos para que o aluno use como forma de construção de sentidos e argumentação teórica, além de dialogar com a atualidade.

Para começar, o estudante deve mudar o seu conceito de leitura, precisa aprender o que diz as entrelinhas, é necessário ler o que não está "escrito", por exemplo, interpretar um filme, uma música, uma peça de teatro etc., fazer leitura de mundo. Portanto, o ato da escrita depende, necessariamente, do ato de leitura/interpretação do contexto social e, em vista disso, se procura valorizar a intertextualidade e a polifonia presentes na linguagem.

Assim, as propostas de redação buscam privilegiar a variedade discursiva que está presente no cotidiano e nos meios jornalísticos, como: no editorial, na reportagem, nas charges, nos quadrinhos, no texto literário, no texto científico, no texto da internet, no texto publicitário – motivadores e acionadores do conhecimento de mundo dos candidatos.

A frase passou de boca em boca, caiu no gosto do povo e virou sabedoria popular: escrever exige 10% de inspiração e 90% de transpiração.

Sim, senhor, escrever é trabalho árduo, equivalente ao do ourives. Textos passam por processos de lapidação como os diamantes. São cortados, aumentados, transformados, virados pelo avesso, amassados, condensados. O texto, como o diamante, só brilha depois de muito apanhar.

O ourives do texto é o próprio autor ele trabalha sobre o diamante bruto das redações. Nas grandes editoras, há o especialista contratado para ler os originais, apontar erros gramaticais, incongruências e problemas de estilo. Até autores consagrados submetem-se a ele.

Estudantes, jornalistas, advogados, executivos e outros profissionais que usam a escrita no dia a dia não costumam ter editores por perto. Eles próprios atuam com ouvires. Leem, releem e reescrevem dissertações, reportagens, teses, petições, e-mails, relatórios, documentos. Embora não se destine ao grande público, a mensagem precisa chegar às mãos dos chefes, professores e clientes com correção, clareza e objetividade.

> SQUARISI, Dad; SALVADOR, Arlete. **Escrever melhor**. Brasília: Contexto, 2008.

A leitura

A estudiosa Maria Helena Martins (graduada no Instituto de Letras da UFRGS, onde lecionou Teoria e Crítica Literária, Literatura Brasileira, introduziu a disciplina Literatura infanto-juvenil e escreveu em seu livro: "O que é leitura" apresenta três níveis de leitura que se inter-relacionam: sensorial, emocional e racional.

1. O nível sensorial define-se no primeiro contato que temos com o texto ou situação, utilizando os sentidos (tato, olfato, visão). Estes sentidos fornecem uma percepção instantânea do mundo, provocando prazer ou recusa.

2. O nível emocional nos leva à nossa própria interpretação e revela os sentimentos que sentiríamos se estivéssemos na situação retratada no texto.

3. O nível racional, que é o mais aceito e considerado correto pelos intelectuais, busca a compreensão correta, a interpretação objetiva dentro da situação ou do texto em leitura.

MARTINS, Maria Helena. **O que é leitura**. São Paulo: Brasiliense, 2012.

A interpretação de textos

Interpretar é concluir, deduzir a partir dos dados coletados e, em seguida, julgar, opinar a respeito das conclusões.

Para o estudante conseguir interpretar de forma profícua um texto, é necessário que se faça primeiramente uma leitura **informativa**, ou seja, nesse momento que é o primeiro contato com o texto, extrai-se as informações iniciais para se preparar para a leitura **interpretativa**. Para interpretar bem um texto é interessante que se grife palavras-chave, as passagens mais pertinentes, tentando sempre fazer uma coesão de uma ideia de um parágrafo para outro.

A última fase desse processo de leitura é a reflexão mais aprofundada, nesse momento o aluno faz perguntas e possíveis respostas para o conteúdo abordado. Interessante marcar palavras como NÃO, EXCETO, RESPECTIVAMENTE, pois fazem diferença na escolha adequada.

Retorne ao texto, mesmo que pareça ser perda de tempo. Levante elementos para a compreensão e, posteriormente, faça um julgamento crítico.

Atenção, com a leitura de um texto você deve:
- Identificar o gênero, a tipologia, as figuras de linguagem;
- Verificar o significado das palavras;
- Contextualizar a obra do espaço e tempo;
- Esclarecer fatos históricos pertinentes ao texto;
- Conhecer dados biográficos do autor;
- Relacionar o título ao texto;
- Levantar o problema abordado;
- Apreender a ideia central e as secundárias do texto;

- Buscar a intenção do texto;
- Verificar a coesão e a coerência textual;
- Reconhecer se há intertextualidade;
- Perceber as referências geográficas, mitológicas, lendárias, econômicas, religiosas, políticas e históricas para que faça as possíveis associações.

Vamos treinar?

PROPOSTAS DE ATIVIDADES

1. Faça uma leitura informativa, logo após, a interpretativa do texto a seguir. Lembre-se de grifar as palavras-chave e de fazer perguntas com possíveis respostas para um julgamento crítico de texto:

O que é belo?

Durante a Idade Antiga, os povos greco-latinos realizavam uma busca intensa pelos padrões estéticos, almejando a perfeição representada em esculturas que valorizavam as curvas humanas. Tangente a este fato, o culto à beleza sempre esteve presente nas diferentes civilizações, contudo, no mundo hodierno, essa busca é potencializada pelo sistema capitalista globalizado.

A princípio, a construção de padrões é iniciada desde a infância, momento quando a criança define o belo por meio daquilo que ela consome. Dessa forma, a mídia e a indústria modelam o imaginário infantil através de brinquedos e contos de fada. Outrossim, a estética cultuada é tomada como semelhança de uma vida saudável e feliz, portanto objetivo que deve ser alcançado para que haja a satisfação pessoal. A partir desta análise, parafraseando sociólogo polonês Zygmunt Bauman em sua obra "Modernidade Líquida", as relações interpessoais tornam-se frágeis em razão da opressão realizada pelo mercado, que neste contexto cria uma condição de felicidade ao sujeito.

Diante desta óptica, os intensos cultos aos padrões de beleza resultam em uma série de sequelas ao tecido social, como o desenvolvimento de transtornos alimentares (anorexia, bulimia ou vigorexia) e até mesmo casos de depressão. Além disso, esta mazela pode provocar casos de bullying em ambientes escolares sem que haja o devido tratamento por parte dos profissionais de educação.

Portanto, com base nos fatos supracitados, os agentes midiáticos devem basilarmente desconstruir os padrões por meio de campanhas publicitárias com o objetivo de incentivar as diferentes formas de beleza e a aceitação própria. Ademais, vale destacar que essa medida torna o ambiente escolar mais saudável sem a prática do bullying.

Texto cedido por Guilherme Carneiro Nascimento (aluno da autora)

Capítulo 2

VAMOS REFLETIR?

> *A mera presença de um bom livro em nossa casa pode irradiar uma misteriosa influência benigna. Penso que o livro é uma das possíveis formas de felicidade que os homens possuem.*
>
> (Jorge Luis Borges)

Texto 1 – Racismo e identidade nacional: paradoxos e utopias

Mestiçagem e imigração

O termo minoria supõe grupo organizado e, na maior parte dos casos, uma organização de natureza étnica. Assim, as minorias podem ser definidas por si mesmas, construindo limites que refletem o reconhecimento de seus membros como pertencentes a uma unidade, e pelos outros, que impõem sua exclusão de certas áreas da vida social.

A resposta mais comum a essa exclusão (que costuma envolver questões de cidadania) é a mobilização em defesa de interesses próprios e a construção de limites inclusivos, cujas bases são, em geral, crenças sobre nacionalidade comum, mesma etnia ou religião.

Tais limites apontam para a formulação de identidade fundamentadas na noção de pertencimento a um grupo étnico e significam a classificação dos membros do grupo, a partir de critérios que enfatizam características culturais, objetivamente identificáveis, assim como elementos de natureza simbólica, que remetem a uma origem comum.

A crença no parentesco étnico e em um processo histórico compartilhado, elementos que embasam a construção de limites inclusivos de pertencimento étnico, se aproxima das concepções de pertencimento nacional, uma vez que as ideologias nacionalistas costumam dar um sentido primordial à ideia de nacionalidade. Existe, pois, uma semelhança entre a natureza étnica e a nacional que, no caso brasileiro, levou à condenação explícita de qualquer identidade respaldada na noção da etnicidade.

Apesar das diversas correntes nacionalistas que se desenvolveram no Brasil após a independência, a tendência predominante no pensamento brasileiro privilegiou o ideário das três raças formadoras — o colonizador português, o escravo negro e o indígena — e da mestiçagem étnica e cultural como base da formação nacional, que resultou na concepção de uma sociedade racialmente democrática. Esse ideário foi uma resposta aos imperativos de uma concepção homogênea de nação, que implicava o futuro brasileiro unívoco, superando as diversidades étnicas através da assimilação e da mestiçagem.

A assimilação dos alienígenas é um tema recorrente nos discursos nacionalistas sobre a questão imigratória desde meados do século XIX, quando se estruturou uma política consistente de colonização com imigrantes europeus. Até a década de 40 o Brasil recebeu quase 5 milhões de imigrantes. Mais de dois terços deles vieram da Itália, Portugal e Espanha, mas os japoneses, alemães, russos, poloneses, austríacos e sírio-libaneses também aparecem com destaque nas estatísticas oficiais. Com raras exceções (a presença de japoneses em projetos de colonização no Pará e de sírio-libaneses em diversas cidades do Norte e Nordeste), esses imigrantes se estabeleceram no Sul e no Sudeste do país.

Por muito tempo, apesar da naturalização geral concedida pela primeira Constituição republicana, a maior parte dessa população de imigrantes ficou à margem da cidadania.

Mesmo assim, o conceito de minoria nunca esteve presente nas discussões públicas sobre os problemas de assimilação, porque a sociedade nunca admitiu a existência de minorias no Brasil.

SEYFERTH, Giralda. Mestiçagem e imigração. **Revista de divulgação científica da sociedade brasileira para o progresso da ciência.** Departamento de Antropologia. Museu Nacional / UFRJ, 1986.

Texto 2 – A carne mais barata do mercado é a carne negra

Violência. Cotidianamente, a população negra brasileira enfrenta diversas manifestações de agressividade e exclusão social – ilustrada pela baixa presença dessa etnia em cargos de poder e instituições de ensino de qualidade –, oriundas da estruturação do modelo escravista em nosso país e, por consequência, nas desigualdades quanto a distribuição de renda, de modo a privá-los de representação política concreta e, assim, invisibilizar suas pautas e lutas sociais.

Em primeiro prisma, ressalta-se que, segundo Sérgio Buarque de Holanda, reside na cultura da cana e, por conseguinte, nos reflexos da escravidão, a origem do preconceito enfrentado pela população afro-descendente, devido às bases étnicas com as quais o trabalho escravo se desenvolveu no Brasil. Como fruto dessas ações, constrói-se o racismo estrutural, caracterizado pela exclusão, ausência de representatividade e oportunidades, conjunturas que comprometem a igualdade defendida constitucionalmente.

Ademais, influenciado por teorias científicas e sociológicas do período – principalmente o positivismo de Auguste Conte –, surge a crença de que os povos caucasianos seriam mais evoluídos nos âmbitos culturais e intelectuais, desta forma, inicia-se um processo de "embranquecimento" no Brasil, através do incentivo à imigração, a fim de combater a mestiçagem, vista de modo negativo. Outrossim, compreende-se a importância de Freyre na sociologia brasileira, seu pioneirismo na visão de que a mestiçagem, em realidade, é a base da formação do país, mostrou-se um passo crucial contra o racismo.

Destarte, explicita-se a necessidade de medidas capazes de resolver o imbróglio em questão, a população, negra especialmente, auxiliada pelas mídias, por meio de manifestações em praça pública e campanhas de reportagens especiais que ilustrem o racismo sofrido por este grupo em seu cotidiano, exigirá ao governo a adoção de projetos que permitam maior inclusão social, a fim de garantir na prática os direitos constitucionais das minorias étnicas, culminando na valorização da diversidade cultural de nossa nação.

Texto cedido por Mariana Lopes Rios (aluna da autora)

Vamos treinar?

Entendimento dos textos

1. Escreva a ideia principal de texto 1 e do texto 2.
2. O que os textos têm em comum? Responda retirando trechos dos textos.
3. Qual a sua opinião sobre a escolha dos títulos, tanto do texto 1 quanto do 2.

2.1 TÉCNICAS ARGUMENTATIVAS

Estrutura da dissertação

Uma dissertação geralmente se divide em três partes:

1. Introdução;
2. Desenvolvimento;
3. Conclusão.

A introdução

É onde se anuncia o assunto.

A introdução está, implicitamente, toda a exposição. A introdução é o espaço onde se anuncia, se coloca, se promete, se desperta...

> BOAVENTURA, Edvaldo. **Como ordenar as ideias**. São Paulo: Ática, 1988. p. 11.

O desenvolvimento

O desenvolvimento é a análise da introdução, e é ancorado pela argumentação.

Nessa parte da dissertação, cabe defender a ideia proposta na introdução. Devem ser apontadas semelhanças de ideias, divergências, devem ser feitas comparações, ligações, buscas, enfim, comprovações da ideia inicial.

A conclusão

O encerramento de uma dissertação deve ser breve e marcante.

A brevidade no concluir exige fórmulas preciosas que começam com:

Portanto...

Diante das premissas abordadas...

Diante do que foi supracitado...

Assim...

Dessa forma...

Diante dessa conjectura...

Não basta que a conclusão tenha os argumentos maciços; é preciso saber nela plantar o ponto de vista. Utilizando os cinco elementos essenciais para o Enem: Agente, ação, meio, resultado e detalhamento.

> BOAVENTURA, Edvaldo. **Como ordenar as ideias**. São Paulo: Ática, 1988. p. 45. Adaptado.

Texto 3 – MAIS E MELHORES NEURÔNIOS

A boa ciência experimental obriga pesquisadores a rever teorias e noções que antes pareciam consensuais. No momento, a neurobiologia passa por uma dessas revisões, com a derrocada do antigo princípio de que células cerebrais (neurônios) não poderiam ser repostas pelo organismo adulto. Nessa visão ultrapassada do cérebro, o envelhecimento do órgão equivaleria necessariamente à decadência, na forma de perda progressiva de suas células.

O cérebro não apenas produz novos neurônios como surgem agora indicações de que tanto o aprendizado quanto o exercício físico podem estimular essa forma de regeneração, conhecida como neurogênese.

Transcorreram duas décadas entre a descoberta da neurogênese em camundongos e a do mesmo fenômeno em seres humanos. O tema atrai enorme atenção por conta de seu potencial de tratar doenças degenerativas e lesões no cérebro de idosos, como o mal de Alzheimer e derrames.

Dois grupos norte-americanos se debruçam sobre essa forma de regeneração, obtendo resultados diferenciados, mas não inconciliáveis. Uma equipe, da Universidade Princeton, verificou que a reposição aumenta quando camundongos são submetidos a tarefas de aprendizado intenso. Outra, do Instituto Salk, constatou resultado semelhante com exercícios físicos continuados.

As pesquisas estão na edição de março da "Nature Neuroscience". Um terceiro artigo na publicação especula que os dois tipos de estímulo para a neurogênese — aprendizado e exercício — podem se complementar, como ocorre na exploração de um novo ambiente. Nessa situação, o animal se movimenta muito para reconhecer o terreno e, ao mesmo tempo, tem de memorizá-lo. Numa palavra, aprender.

A ciência aprende com seus experimentos mais engenhosos e a humanidade, com a ciência. Não só a sobreviver, mas a viver mais, e melhor.

FOLHA de S. Paulo. **Opinião**, São Paulo, 03 de março de 1999. Disponível em: www1.folha.uol.com.br. Acesso em: 10 nov. 2020.

Texto 4 – A cultura patriarcal e seus efeitos hodiernamente

No início do século XX, foi realizado o movimento sufragista no Brasil, manifestações femininas, devido a exclusão na política, objetivando a conquista do direito ao voto, restrito apenas aos homens. Assim, as altas taxas de feminicídio, violência psicológica e corporal na atual sociedade, revelam que ainda hoje, existem marcas de uma cultura patriarcal.

Em primeira análise, é cabível retratar que o feminicídio é um crime de violência contra mulher apenas pela sua condição de mulher. Logo, compreende-se que no mundo contemporâneo, a figura feminina ainda é vista como sinônimo de inferioridade, e a liberdade, apesar dos direitos conquistados ao longo dos anos, e as leis favoráveis, como a Lei Maria da Penha, sancionada em 2006, ainda é um fator a ser conquistado.

Nesse viés, relacionando os acontecimentos atuais com o período da pré-história, no qual apenas os homens realizavam a caça e as mulheres eram destinadas aos afazeres domésticos, conclui-se que a formação de uma cultura patriarcal, culminou na desigualdade de tratamento entre os gêneros, sendo o feminino, o mais prejudicado nesse processo. Sob esse prisma, a escritora Simone de Beauvoir retrata em sua obra "O segundo sexo", que a humanidade é masculina e a mulher não é considerada um ser autônomo.

Portanto, diante das premissas supracitadas, para combater o feminicídio, faz-se necessário que o poder judiciário, como meio responsável por resolver problemas da sociedade, deve, extinguir a morosidade do sistema, por meio da punição de maneira efetiva, dos crimes contra mulheres. Além disso, é importante que haja uma mudança na mentalidade da sociedade, e as empresas, igualando salários de trabalhadores do sexo feminino e masculino, podem auxiliar nesse processo. Promovendo assim, o desenvolvimento da nação e uma melhoria no convívio social.

Texto cedido por Iandra Gomes Aleixo (aluna da autora)

Vamos treinar?

Entendimento do texto:

1. Para você qual o argumento mais sólido utilizado pelo autor do texto 3 e do 4 para consolidar a tese defendida:

Texto 3:

Texto 4:

Tipos de argumentos

Argumento é a defesa de uma ideia. Os textos 3 e 4 utilizam de argumentos de autoridade para validar seu texto. Convencer ou persuadir através do arranjo dos diversos recursos oferecidos pela língua é, numa formulação muito simples, a marca fundamental do texto dissertativo/argumentativo.

Argumentação por comprovação

Os argumentos serão sempre mais verossímeis se estiverem apoiados em fatos fidedignos, em dados competentes, em comprovações.

Acompanhe o exemplo do texto 5:

Texto 5 – INTERNET, a mídia on-line

Uma pesquisa do Ibope realizada em conjunto com o **Cadê?**, um site nacional de buscas na Internet, revelou que a maior parte dos internautas hoje no Brasil é do sexo masculino, tem entre 14 a 39 anos, domina a língua inglesa, tem renda mensal acima de 29 salários mínimos, costuma navegar usando o computador de casa e sente-se à vontade para realizar compras on-line usando seu cartão de crédito. São consumidores em potencial. A enquete mostrou. Por exemplo, que 18% dos entrevistados já adquiriram algum produto pela rede e 68% estão dispostos a fazer uma compra no futuro. Das 18.225 pessoas que responderam espontaneamente às perguntas da pesquisa, realizada no final do ano passado, 74% têm pelo menos um cartão de crédito e a maioria (59%) aceitaria pagar pelo uso de serviços na rede. O suficiente para arregalar os olhos de qualquer empresa, certo? Sim e não.

Ninguém hoje discute o fato de que a Internet é uma mídia espetacular pela própria natureza. Híbrida, reúne características de jornal, revista, televisão e até de rádio. Em tese, o paraíso para publicitários e anunciaram. Em tese. Na prática, nem todos ainda estão convencidos dos resultados da publicidade na rede. Muitos estão experimentando.

Um levantamento do jornal Financial Times aponta que, este ano, cerca de US$ 400 milhões serão gastos em anúncios na Internet, em nível mundial. No Brasil, pesquisas mostram que, até o ano 2000, companhias nacionais estarão despejando US$ 150 milhões em publicidade na Grande Rede.

> BALBIO, Marcelo. INTERNET, a mídia on-line. **Revista de Comunicação**, Salvador, 2013.

Observe que o autor se escorou em números, em pesquisas, em comprovações:

- idade dos internautas;
- porcentagem;
- um jornal de conhecida credibilidade;
- um site de buscas.

Tudo isso faz da dissertação de Marcelo Balbio um texto confiável, por ser comprovado. Mesmo tendo utilizado as porcentagens e a pesquisa do site **Cadê?**, Balbio ainda coloca a questão em dúvida: note que, em certo momento, ele usa a expressão "em tese", cujo significado é "em termos", "em princípio", "em teoria".

Argumento por raciocínio lógico

Os argumentos devem sempre estar escorados por uma relação de causa e efeito: trata-se de tentar persuadir, trabalhando com a relação entre as ideias.

Observe isso no texto seguinte:

Texto 6 – A chegada das massas

> [...] A sociedade é sempre uma unidade dinâmica composta de dois fatores: minorias e massas. As minorias são indivíduos, ou grupos de indivíduos, especialmente qualificados. A massa é a reunião de pessoas não especialmente qualificadas. Por massas, portanto, não se deve entender, apenas ou principalmente, "as massas trabalhadoras". A massa é o homem comum. Dessa maneira, o que era simples quantidade – a multidão – converteu-se em determinação qualitativa; tornou-se a qualidade social comum, o homem não diferenciado de outros homens, mas repetindo em si mesmo um tipo genérico. Que lucramos nós com essa conversão da quantidade em qualidade? Simplesmente isto: por meio da última compreendemos a gênese da primeira. É tão manifesto que quase chega a ser um lugar-comum: a formação normal da multidão supõe a coincidência de desejos, ideias, modos de vida, nos indivíduos que a constituem. Objetar-se-á que é isto exatamente o que acontece com todo grupo social, por mais seleto que procure ser. De fato; mas há uma diferença essencial. Nos grupos que se caracterizam por não serem multidão e massa, a efetiva coincidência dos membros se baseia em algum desejo, ideia ou ideal que, por si mesmo, exclui o grande número. Para formar uma minoria, seja ela qual for, é necessário primeiro que cada membro se separe da multidão por razões especiais, relativamente pessoais. [...]

> GASSET, José Ortega y. **A Rebelião das Massas**. Salvador: Ibero Americano, 1971.

Note como Gasset relaciona ideias:

- trabalha por comparação entre conceitos opostos (minorias e massas);
- evolui em seu raciocínio contrastando as características de cada item: "minorias são indivíduos [...] especialmente qualificados"; "A massa é o homem comum";
- antecipa possíveis perguntas que eventualmente poderiam ser feitas: "Que lucramos nós...?";
- prevê possíveis intervenções que poderiam contra argumentar seu pensamento: "Objetar-se-á que é isto exatamente...";
- concorda com o possível interventor, apontando outros lados: "De fato, mas há uma diferença...".

Perceba que em todas as dissertações argumentativas há o uso acentuado de mecanismos de coesão textual, representados por:

- elementos de ligação;
- expedientes conectivos;
- operadores argumentativos.

O professor Adilson Citelli, em *O texto argumentativo* (1994), aponta alguns desses mecanismos, indicados por preposições, conjunções e locuções:

1. Indicadores de oposição, contraste, adversidade:

Mas, porém, contudo, todavia, entretanto, no entanto, embora, contra, apesar de, não obstante, ao contrário etc.

2. Indicadores de causa e consequência:

Porque, visto que, em virtude de, uma vez que, devido a, por motivo de, graças a, em razão de, em decorrência de, por causa de etc.

3. Indicadores de finalidade:

A fim de, a fim de que, com o intuito de, para, para a, para que, com o objetivo de etc.

4. Indicadores de esclarecimento:

Vale dizer, ou seja, quer dizer, isto é etc.

DICAS PRECIOSAS DE REDAÇÃO: RUMO À EXCELÊNCIA

5. Indicadores de proporção:

À medida que, à proporção que, ao passo que, tanto quanto, tanto mais, a menos que etc.

6. Indicadores de tempo:

Em pouco tempo, em muito tempo, logo que, assim que, antes que, depois que, quando, sempre que etc.

7. Indicadores de condição:
Se caso, contanto que, a não ser que, a menos que etc.

8. Indicadores de conclusão:

Portanto, então, assim, logo, por isso, por conseguinte, pois, de modo que, em vista disso etc.

Texto 7 – Marcas do preconceito

No mundo hodierno as pessoas são livres para se expressar e se posicionar, todavia, quanto se trata da homossexualidade existe uma grande intolerância e preconceito. Nesse contexto, o que leva a sociedade ser tão preconceituosa? E qual a consequência para os homossexuais?

Em primeira visão, é valido ressaltar que a prática homossexual é considerada crime em mais de 70 países, além disso, até 1991 a Organização Mundial da Saúde tratava essa questão como uma doença. Desse modo, esses fatores contribuíram para a instauração do preconceito para com essas pessoas, em pleno século XXI ainda os tratam como doentes, são postos a margem da sociedade, são segregadas e tiradas oportunidades como a de ingressar no mercado de trabalho. Nesse âmbito, a Constituição Federal de 1988, garante direitos iguais a todos, contudo, essa não é a realidade vivida por esse grupo, o que revela uma falha e se faz necessário uma mudança para que essa realidade seja alterada.

Outrossim, a falta de empatia para com os homossexuais é reflexo do desinteresse de ações governamentais em sanar tais diferenças, junto a população mascaram o preconceito existente. Consoante a José Saramago, no seu livro "Ensaio Sobre a Cegueira", faz uma analogia a cegueira para refletir a insensibilidade de sentir a dor do outro, as pessoas não compreendem a homossexualidade e acreditam que isso faz alguém diferente e pior que ela, sendo que a única coisa diferente entre elas é a orientação sexual.

No entanto, as próprias famílias os excluem simplesmente por serem quem são, o que leva muitos desenvolverem problemas como depressão, ansiedade ou até mesmo cometerem o suicídio.

Diante das premissas abordadas, é indubitavelmente necessário que medidas sejam tomadas para extinguir tais diferenças. Portanto, as escolas devem promover campanhas sobre o tema por meio de atividades que demonstrem a igualdade entre as partes para que saibam respeitar as diferenças e todos a sua volta. Dessa forma, uma sociedade menos preconceituosa e mais harmônica seja criada, assim as pessoas poderão ser quem são sem serem julgadas pelo outro.

Texto cedido por Ana Beatriz Silva Santos (aluna da autora)

Vamos treinar?

Vamos entender o texto:

1. Enumere os argumentos escolhidos pela autora para reforçar sua ideia e dar credibilidade à sua redação.
2. Enumere, também, os elementos de ligação, conectivos e operadores argumentativos utilizados pela autora.

2.2 AS LÍNGUAS MUDAM

As línguas não são realidades estáticas; elas mudam com o passar do tempo, elas alteram-se continuamente. Os falantes não têm consciência da mudança. A imagem que eles têm do idioma é que ele é estável. São várias as razões para que não se perceba a constante alteração da língua. A primeira é que ela é bastante lenta. Tudo pode mudar na língua: os sons, a gramática, o vocabulário. No entanto, alguns níveis da linguagem se modificam mais devagar do que outros: por exemplo, o nível fônico, o dos sons de que se vale a língua para construir as palavras, ou o da gramática tem uma mutação mais vagarosa do que a do vocabulário. Por outro lado, as mudanças atingem partes da língua e não sua totalidade: não se transformam todos os sons de uma só vez, não se altera toda a gramática conjuntamente, não se modifica todo o léxico na mesma ocasião. Isso significa que uma língua é um complexo jogo de mudanças e permanência. Ela está sempre num equilíbrio estável.

Além disso, a escrita, que é uma realidade mais estável e permanente do que a língua falada, leva ao desenvolvimento de um padrão de língua, que é ensinado na escola, é descrito nas gramáticas e nos dicionários, goza de um valor social mais elevado e, por isso, adquire uma estabilidade maior, refreando a mutação e servindo de referência para a imagem que o falante tem da língua.

Entretanto, para perceber a modificação da língua, basta pegar textos antigos ou conviver com falantes mais velhos ou mais jovens. Observemos esse fato, lendo um trecho de uma Cantiga de Amigo, composta por D. Dinis, que governou Portugal no final do século 13 e no início do 14.

- Ai flores, ai, flores do verde pino,	Se saberes novas do meu amigo
Se sabedes nova do meu amigo?	aquel que mentiu do que pôs comigo?
Ai, Deus, e u é?	ai, Deus, e u é?
- Ai flores, ai, flores do verde pino,	Se saberes novas do meu amigo
Se sabedes nova do meu amigo?	aquel que mentiu do que pôs comigo?
Ai, Deus, e u é?	ai, Deus, e u é?

> MASSAUD, Moisés. **A literatura portuguesa através dos textos**. São Paulo: Cultrix, 1997.

Apesar de essa cantiga não ser particularmente complexa, percebem-se diversas diferenças entre a língua em que ela foi escrita e a língua atual: pino (pinheiro), saberes (2° pessoa do plural do presente do indicativo do verbo saber, atualmente sabeis), u (onde), é (está), aquel (aquele), pôs (combinou), à jurado (- há jurado – jurou).

A mudança deve-se ao fato de que a língua é heterogênea, ela varia de uma geração a outra, de um grupo social a outro, de uma situação de comunicação a outra, de um lugar a outro. A fala de gerações diferentes e o contraste entre a fala de grupos socioeconômico diferenciados revelam mudanças em andamento. Todas as línguas do mundo mudam. A transformação é inerente ao fenômeno linguístico. Não se pode tornar a língua estática.

> FIORIN, José Luiz. **Argumentação**. São Paulo: Contexto, 2015.

2.3 DOS TEMPOS DE DRUMMOND

O POETA CRIOU CRÔNICA SÓ PARA ILUSTRAR O FENÔMENO DA MUDANÇA IDIOMÁTICA

Carlos Drummond de Andrade, escreveu uma crônica, intitulada Antigamente, para mostrar o fenômeno da mudança no idioma.

Antigamente, os pirralhos dobravam a língua diante dos pais e se um se esquecia de arear os dentes antes de cair nos braços de Morfeu, era capaz de entrar no couro. Não devia também se esquecer de lavar os pés, sem tugir nem mugir. Nada de bater na cacunda do padrinho, nem de debicar os mais velhos, pois levava tunda. Ainda cedinho, aguava as plantas, ia ao corte e logo voltava aos penates. Não ficava mangando na rua, nem escapulia do mestre, mesmo que não entendesse patavina da instrução moral e cívica. O verdadeiro smart calçava botina de botões para comparecer todo liró ao copo d'água, se bem que no convescote apenas lambiscasse, para evitar flatos. Os bilontras é que eram um precipício, jogando com pau de dois bicos, pelo que carecia muita cautela e caldo de galinha. O melhor era pôr as barbas de molho diante de um treteiro de topete, depois de fintar e engambelar os coiós, e antes que se pusesse tudo em pratos limpos, ele abria o arco.

Em compensação, viver não era sangria desatada, e até o Chico vir de baixo, vosmicê podia provar uma abrideira que era o suco, ficando na chuva mesmo com bom tempo. Não sendo pexote, e soltando arame, que vida supimpa a do degas. Macacos me mordam se estou pregando peta. E os tipos que havia: o pau-para-toda-obra, o vira-casaca (este cuspia no prato em que comera), o testa-de-ferro, o sabe-com-quem-está-falando, o sangue-de-barata, o Dr. Fiado que morreu ontem, o zé-povinho, o biltre, o peralvilho, o salta-pocinhas, o alferes, a polaca, o passador de nota falsa, o mequetrefe, o safardana, o maria-vai-com-as-outras... Depois de mil peripécias, assim ou assado, todo mundo acabava mesmo batendo com o rabo na cerca, ou simplesmente a bota, sem saber como descalça-la.

Mas até aí morreu o Neves e não foi no Dia de São Nunca de tarde: foi vítima de pertinaz enfermidade que zombou de todos os recursos da ciência, e acreditam que a família nem sequer botou fumo no chapéu?"

Esse texto, publicado em Poesia e prosa (Rio de Janeiro, Nova Aguilar, 1983, p. 1320-1321), mostra que muitos termos e expressões, corriqueiros num determinado período, deixam de ser usados e tornam-se incompreensíveis em outro, é o que acontece com grande parte do vocabulário com que o texto é construído.

> ANDRADE, Carlos Drummond de. **Poesia e prosa**. Rio de Janeiro: Nova Aguilar, 1983. Fragmento.

2.4 AS LIÇÕES DE OUTROS ESCRITORES

AS MANHAS, AS ESPERTEZAS, OS PULOS-DO-GATO ESTÃO NAS PÁGINAS DOS GRANDES LIVROS

Pode parecer um lugar-comum, mas é verdade verdadeira: a única arma que se pode usar para aprender a escrever é ler, ler muito. As lições que se tiram dos textos dos escritores que vieram antes de nós são inúmeras e valem a pena.

O escritor iniciante, por mais talento que tenha, se depara com obstáculos que parecem intransponíveis. Até mais do que no futebol, a inexperiência torna os movimentos desarticulados, faz o praticante gastar esforços inúteis, deixa-o sem ação diante dos problemas. Muito disso pode ser evitado com o uso recorrente da leitura. Aprende-se como tal diálogo foi resolvido, como uma sequência de ações chega a um final satisfatório, como a mocinha faz para escapar do vilão e cair nos braços do seu amado heroico. Ler, ler muito, ensina alguns truques do ofício de escritor. Por isso é que todo escritor profissional já revelou que lê muito. Claro, há aqueles que querem apenas ver como anda a concorrência...

Num mundo marcado pela correria, algumas pessoas acham que a leitura é uma ocupação ultrapassada, que demanda tempo demais. É besteira, claro. Ainda mais para você que deseja escrever para ser lido.

E, acredite, as manhas, as espertezas, os pulos-do-gato estão nas páginas dos livros. Os mistérios da escrita foram, são e serão enfrentados por todos os autores, de sucesso ou não, Prêmio Nobel ou não. A primeira pergunta que se faz é: tudo bem, vou ler, mas o quê? A resposta é fácil: leia o que você gosta. Deixe de lado os livros que podem chatear, por importantes que sejam. Se você já tem um gênero planejado, melhor ainda. Digamos que você quer escrever romances de fundo social. Leia, então, livros do gênero que pretende explorar e veja neles o que funciona e o que não funciona. Analise o autor, a forma com que ele escreve, como ele desenvolve a ação, constrói os personagens, arma os diálogos, usa o cenário e o tempo, sobretudo como ele transmite sua mensagem.

Todo mundo precisa ler, mas os escritores devem ler. Sobretudo os livros certos. Se um livro é muito chato, e você pena para ultrapassar o primeiro e o segundo capítulo, deixe-o de lado e comece outro, sem a menor culpa. O enfrentamento e a absorção de um livro são coisas extremamente subjetivas. Assim, se um amigo lhe recomendou determinado romance que, além de tudo, está nas listas de best-sellers, talvez seja muito chato para você. Da mesma forma, se um clássico como Grande Sertão: Veredas, de João Guimarães Rosa, se impõe à sua leitura como um clássico unânime, você pode achar impossível se interessar por esse mundo e por esses personagens. Não se envergonhe. Deixe-o de lado e parta para outro livro. Algum dia você descobrirá os encantos de Guimarães Rosa. E nem sempre o que é clássico incontestável é o livro indicado para você no momento. Pode acontecer também que você descubra, meio por acaso, outro clássico: começa a ler e se empolga, descobrindo o prazer que há em avançar por ele, um livro que você nunca abordou, porque era venerado pela crítica e o deixava um tanto receoso de enfrentá-lo.

É simples. Siga a maneira recomendada pelo humorista americano James Thurber: *"Sempre começo pela esquerda, com a palavra inicial da frase, leio na direção da direita e recomendo este método"*.

Como escritor em processo, você tem de ler de um modo diferente. Há quem goste de sublinhar frases ou trechos significativos.

É útil também para destacar metáforas ou comparações espertas. Ou ainda para realçar ideias que você admirou, detestou ou imagina que merecem uma reflexão posterior. Como artesão da escrita, procure sempre no dicionário uma palavra que você não conhece e a incorpore a seu repertório. Afinal, você não está só lendo um texto como um leitor comum; você quer entender como o escritor fez aquilo. Às vezes, apenas sublinhar não basta. Escreva o comentário que surgiu na sua mente, para não esquecer essa primeira impressão.

Se o texto o impressionou e se ele se ajusta ao que você pretende escrever, faça mais um esforço. Leia de novo, depois de saber o que vai acontecer na ação ou quais ideias serão discutidas. Você perceberá com mais clareza os métodos do escritor e, se for o caso, entenderá melhor o que ficou confuso na primeira leitura. Na ficção, você ainda pode ver melhor nessa segunda leitura se o personagem tem coerência, ou se poderia ser dispensado da trama.

A leitura estimula o seu pensamento e pode tornar você mais sensível ao que vai escrever. Com seu primeiro rascunho pronto, você vai começar a editar. Ou seja, vai ler e reler cada palavra e ver se ela está se encaixando no todo, se foi a melhor escolha, até mesmo se está escrita corretamente. Você começa a encarar seu texto como se fosse escrito por outra pessoa. E se você tiver dificuldades em entender alguma coisa ou em achar lógico um ou outro desenvolvimento do texto, lembre-se de que outras pessoas — os seus leitores — também terão.

Portanto, leia, leia muito. Já no século 18, o escritor inglês Samuel Johnson recomendava: *"A maior parte do tempo de um escritor é gasta lendo, a fim de escrever; um homem pode levar meia biblioteca para fazer um livro"*.

FERRAZ, Geraldo Galvão. As manhas, as espertezas, os pulos-do-gato estão nas páginas dos grandes livros. **Revista Língua Portuguesa,** *2008.*

Capítulo 3

A REDAÇÃO NO VESTIBULAR

> *Ensinar é um exercício de imortalidade. De alguma forma continuamos a viver naqueles cujos olhos aprenderem a ver o mundo pela magia da nossa palavra. O professor, assim, não morre jamais...*
>
> *(Rubem Alves)*

Os temas dos vestibulares são sempre uma situação-problema e se espera do aluno uma reflexão, por escrito, sobre a questão proposta. Assim, o estudante no texto dissertativo-argumentativo deve deixar claro em mais ou menos 30 linhas se:

a. Compreendeu o tema;

b. Teve um projeto de texto bem definido;

c. Formulou uma opinião;

d. Defendeu a opinião proposta;

e. Soube estruturar o texto em: introdução, desenvolvimento e conclusão;

f. Teve domínio da linguagem formal;

g. Conseguiu fazer intervenção ao problema proposto.

Dessa maneira, a redação é vista, no vestibular, como exercício ideal de avaliação das habilidades esperadas para a admissão nas universidade e faculdades de todo Brasil, afinal, evidencia:

a. Se o candidato sabe aplicar conceitos das várias áreas de conhecimento e como se comporta diante de uma situação-problema (identificação de todos os elementos da situação-problema);

b. Se sabe relacionar, organizar e interpretar informações, fatos, se consegue elaborar hipóteses, selecionar argumentos e responder à questão que lhe foi apresentada, formulando opiniões;

c. Se o candidato é capaz de demonstrar conhecimento dos mecanismos linguísticos e de exprimir-se com clareza suas ideias e de dominar, com competência, as estruturas de texto e linguagem;

d. Se não desrespeita os direitos humanos.

Vamos treinar?

Leia a redação que segue sobre o tema: "Tabagismo no século XXI: problemas e consequências", grife as ideias que você achou mais interessantes, logo após escreva conceitos que a autora utilizou sobre as várias áreas de conhecimento.

O uso e comercialização do tabaco no século XXI – produto agrícola comumente encontrado sob a forma de droga recreativa – são legais na maioria dos países, no entanto, seu consumo é extremamente prejudicial à saúde do fumante. Ademais, milhares de pessoas não fumantes são diagnosticadas frequentemente com os efeitos da droga no corpo, indicando que ainda há altas taxas de consumo.

Concernente a isso, a Teoria da Identidade Social de Henri Tajfel, faz a análise das Relações Intergrupais preconiza a mudança comportamental como uma tentativa de encaixar-se num determinado grupo social. Outrossim, o tabagismo, muitas vezes, inicia-se por indução de alguém próximo, como uma forma de socializar-se, tal como implica a teoria. Sob esse viés, anteriormente era comum fumar para parecer "legal" e como forma de interação entre os indivíduos da época, que em sua maioria não eram instruídos a respeito dos efeitos nocivos do produto, herdando graves problemas de saúde.

Tangente a isso, há alguns anos era comum ver comerciais divulgando o cigarro como forma de aumentar sua venda, disseminando uma imagem positiva do fumo. Não obstante, as informações sobre as consequências do seu consumo não eram promovidas com a mesma intensidade, causando uma falha educacional. Por esse prisma, o filósofo Paulo Freire defende a educação como fundamental para a mudança da sociedade, tal como é

DICAS PRECIOSAS DE REDAÇÃO: RUMO À EXCELÊNCIA

necessária para a difundir as informações sobre os males do tabagismo, tornando a sociedade ciente do que está comprando.

Mediante o elencado, urge que a mídia social – principal promotora de informações – propague, por meio de propagandas, os efeitos que o tabaco causa na saúde. Destarte, é também dever cívico cobrar das autoridades a proibição do ato de fumar próximo a outras pessoas, evitando que haja o surgimento de fumantes passivos, corroborando para o surgimento de uma sociedade com menos problemas de saúde.

Texto cedido por Jaiane Lima Souza Santos (aluna da autora)

3.1 GÊNEROS E TIPOLOGIAS TEXTUAIS

Gêneros textuais são tipos específicos de texto literários, ou não. São reconhecíveis pelas características funcionais e organizacionais além dos contextos em que são utilizados. Sem dúvidas que no dia a dia os indivíduos se envolvem com uma infinidade de gêneros textuais, e o mais importante: cada um deles possui características próprias que podem ter uma estrutura mais diferente a depender do objetivo. A definição de gêneros textuais segundo o linguista Luiz Antônio Marcuschi (2008).

(a) Usamos a expressão gênero textual como uma noção propositalmente vaga para referir aos textos materializados que encontramos em nossa vida diária e que apresentam características sociais comunicativas definidas por conteúdos, propriedades funcionais, estilo e composição característica. Se os tipos textuais são apenas meia dúzia, os gêneros são inúmeros. Alguns exemplos de gêneros textuais seriam: *telefonema, sermão, carta comercial, notícia jornalística, horóscopo, receita culinária, bula de remédio, lista de compras, cardápio de restaurante, instruções de uso, outdoor, inquérito policial, resenha, edital de concurso, piada, conversação espontânea, conferência, carta eletrônica, bate-papo por computador, aulas virtuais* e assim por diante.

Já a tipologia textual é considerada a forma como os acontecimentos serão apresentados em um texto, ou seja, como é composto em relação aos aspectos lexicais, sintáticos, aos tempos verbais etc.

Vejamos os tipos textuais:

Narração:

É definida como uma sequência de ações que se caracteriza como o **enredo** ordenadas com a **progressão temporal** que é essencial para desenrolar dos fatos. Além disso, na narração tem-se **personagens, espaço** e pode ser real ou imaginária.

Atenção: Os pecados em narrativas

No afã de criar um enredo original (o que, exatamente, seria isso?), o autor se perde em situações que tendem ao inverossímil, ao impossível, resolvendo os conflitos sem que haja a menor explicação razoável, plausível para tal resolução. Isso acontece principalmente ao final dos textos, em que se pretende uma surpresa ao leitor. Alguém poderia objetar que textos marcados pelo realismo fantástico carregam essa marca, mas há de se lembrar, então, que uma narrativa tem de ter um percurso que justifique a resolução de seu conflito. Tirar um coelho da cartola para resolver uma situação criada nem sempre dá certo, pode acreditar.

Ainda no quesito "originalidade", finais como "era tudo um sonho" invariavelmente dão ao autor do texto a sensação de que há uma grande sacada como arremate do problema. Nada mais falso. Todo mundo já viu esse filme e ninguém mais acorda surpreso com ele em termos de narrativas.

A uniformidade no tempo em que transcorre a ação é sempre um trabalho espinhoso, sem dúvida. Muitas vezes se nota como textos que usam e abusam de *flashbacks* se perdem no tratamento do tempo verbal, o que cria passagens incoerentes, mesclando presente e passado sem que haja a mínima possibilidade dessa combinação.

A progressão das histórias, ou seja, a cadência com que se levam os fatos de um enredo, sempre é, também, delicado. Muito comum é o autor correr com a ação quando percebe, por exemplo, que deu muito mais atenção a elementos marginais e precisa se centrar naquilo que é importante, mas não tem nem muito espaço nem tempo para valorizar o que realmente era relevante. Assim, o leitor nota facilmente que houve uma acelerada no transcorrer dos fatos – e o texto perde em ritmo.

Descrição:

Ao contrário da narração, na descrição não há uma sucessão de acontecimentos ou fatos, mas sim a apresentação pura simples do estado a ser descrito em um determinado momento, ou seja, várias características. O autor, nas descrições, chama atenção dos pormenores. Geralmente, é comum notar diversos adjetivos e o uso de frases nominais.

Argumentação:

Nela, o autor defende o seu ponto de vista. É comum a utilização da persuasão para tentar convencer o leitor. Além de ter um encadeamento de hipóteses e conceitos que são direcionados para a apresentação de ideias.

Atenção: A carta argumentativa

A carta argumentativa é um gênero menos praticado na escola. Mas não tem segredo, se considerarmos as duas palavras que lhe dão nome: é uma carta e, como todas as cartas, começa com o nome de um local, tem uma data, um destinatário e um signatário. É argumentativa, ou seja, não é uma carta pessoal, como as que se escreviam antigamente aos parentes, amigos ou colegas, destinadas a dar notícias ou a fazer declarações (como entre namorados).

Consultando a história dos vestibulares, pode-se ver que, em geral, trata-se de escrever carta a uma personalidade que publicou texto em jornal ou revista sobre determinado tema, em geral argumentativo, no qual defendia uma posição.

O que o candidato deve fazer, levando em conta o que se pede (discordar, concordar etc.), é redigir uma carta – ou seja, incluir ao menos os quatro elementos da carta – por meio da qual apoiará o destinatário em suas posições, apresentando outros argumentos; ou discordará dele, tentando convencê-lo a mudar de posição, com base nos argumentos que apresenta, que ele ou não considerou ou julgou "mal".

Tanto para uma como outra finalidade, a coletânea é fundamental: fornece argumentos (claro que quem conhecer outros pode levar vantagem sobre quem só se vale da coletânea).

POSSENTI, Sírio. **Questões de Linguagem**. Passeio gramatical dirigido. São Paulo: Parábola, 2011.

Exposição:

O objetivo do texto é passar conhecimento para o leitor. Nesse tipo textual, não se faz a defesa de uma ideia. Exemplos de textos explicativos são encontrados em manuais de instruções.

Injunção:

A característica mais forte nesse tipo textual é o verbo no imperativo e é marcado por uma sequência de comandos. É utilizada para aconselhar. Um exemplo é o modo de preparo nas receitas.

3.2 A REDAÇÃO EM DISPUTA

Em concursos de seleção os mais diversos, a prova de redação tem se revelado mais que um teste para o candidato que deseja ingressar numa instituição. É o atestado de todo um processo de ensino. Embora não haja relação automática entre aprender um dado número de procedimentos de escrita e a melhora na redação, escrever é um hábito e, como ler, só será efetivamente qualificado se feito com prazer. É ao esculpir um texto que se percebe o quão insuficiente é decorar regras de português ou macetes rápidos de construção retórica.

Um bom texto denuncia o quanto levamos a sério o prazer de ler e escrever. Uma dissertação ruim, por sua vez, revela os problemas de comunicação, a organização truncada de argumentos, o mau entendimento do que foi proposto, a incapacidade de demonstrar um raciocínio autônomo, personalizado. Todos esses fatores são fruto da ausência ou fragilidade do ensino.

Vamos entender o processo:

A banca examinadora

1. Condenado antes mesmo de ser lido

Entre os erros mais comuns, descartados de cara pelas bancas de correção de textos, estão:

- Caligrafia ruim ou ilegível;

DICAS PRECIOSAS DE REDAÇÃO: RUMO À EXCELÊNCIA

- Fuga ao gênero proposto (escrever um poema ou narrativa quando o que se pede é uma dissertação, por exemplo);

- Textos que tentam obter extremo sucesso com o risco do extremo fracasso, valendo-se de redações em verso, jogos visuais com palavras ou frases, piadinhas, onomatopeias, desenhos, página em branco etc.

- Colagem de textos alheios, em que o candidato copia e mistura em certa ordem frases pinçadas da coletânea, misturando-as com suas próprias frases.

2. O que a banca considera ser uma boa redação

Para obter um ótimo desempenho, o candidato deve pôr em jogo em texto os seguintes ingredientes, que são efetivamente considerados por bancas de correção:

1. Obediência estrita ao gênero;
2. Obediência estrita ao tema;
3. Discurso em norma culta, sem lapsos ou equívocos;
4. Texto coeso, resultante de argumentação bem colocada e encerrada;
5. Intervenção social.

3. Sem preconceitos

Ser racista, machista, homofóbico ou mesmo defender a morte cruel de bandidos é considerado inaceitável e, portanto, fadado a receber notas mínimas. Como os corretores hoje têm como limites os direitos humanos e as propostas de intervenção social, pode-se dizer que se espera que o autor seja eticamente correto.

Ainda que as opiniões diversas sejam aceitas pelas bancas examinadoras, há um limite claro respeitado por todos os vestibulares importantes do país e também pelo Enem: os direitos humanos.

Qualquer assunto em pauta consiste em um terreno fértil para que o autor se posicione e mostre opiniões. A opinião tende a se esparramar pelo texto por meio de frases de efeito e por conceitos, às vezes, lançados ao leitor quase despercebidamente, mas que afetam a tese do texto.

4. Evite a causa religiosa ou política

O aluno precisa ter em vista que o leitor de sua redação se considera um leitor universal, e não cabe argumentar por meio de dogmas, como se fosse converter alguém em trinta linhas.

Evite o proselitismo religioso. Os avaliadores tendem a considerar que não se deve usar o espaço da dissertação como plataforma de pregação.

5. Saiba como interpretar a proposta da prova

A primeira dificuldade oferecida pelo enunciado da prova de redação é anterior ao ato de escrever. É preciso, antes de tudo, observar se o tema que será objeto da discussão na redação foi realmente compreendido, para depois pensar em expandir horizontes.

A prova de redação não é só uma prova de escrita, mas também de leitura. Não é perda de tempo o tempo gasto para entender a proposta. Ela define para onde se vai.

A questão pode depender do foco. Uma prova pode, por exemplo, associar versos de Fernando Pessoa ("Tudo vale a pena se a alma não é pequena") à solicitação de um texto, a ser feito pelo candidato, que relacione a citação à vida política brasileira. Se o candidato focalizar apenas a expressão "tudo vale a pena", pode fugir ao tema proposto (tudo vale se não se olha para o mundo com olhar mesquinho, mas com visão de longo prazo) e partir para digressões (desenvolvendo, por exemplo, a ideia de que "o homem se arrepende do que faz, mas não do que não faz, por isso o político não pode deixar de fazer, mesmo que enfrente impopularidade").

Para não perder o foco, o aluno precisa encontrar bem seu propósito inicial, ter clareza em seu objetivo. Por exemplo:

1. Treinar a capacidade de detectar o tema que está por trás de um texto qualquer. Dessa forma, valorizar mais a coletânea de textos propostos pelo vestibular para, a partir dele, encontrar o cerne da questão sobre a qual discorrerá. Deve-se tentar ler os textos tirando deles o tema central.

2. Transformar o tema proposto em uma pergunta explícita que deve nortear a redação. O aluno pode fazer uma pergunta para si, a partir da leitura da coletânea e detecção do tema geral, para que seja respondida na sua redação, ajudando-o a focar os argumentos. Esse questionamento não precisa aparecer explicitamente.

Atenção:

Os corretores participam, anualmente, de cursos preparatórios. Esses procedimentos, em princípio, garantem uma correção mais flexível em relação a diferentes concepções de linguagem. Afinal, para identificar o que é pertinente numa forma desviante é preciso ter boa formação linguística e a tomada de consciência desses critérios. O treinamento para utilização da grade de correção – que detalha os parâmetros para atribuição de pontos por item – garante uma avaliação mais objetiva possível de cada redação.

A banca quer qualidade, não perfeição, pois a situação vivida por um candidato durante a prova é excepcional, não há tempo para criar versões ou consultar fontes. No jogo argumentativo proposto ao aluno, a clareza é uma opção mais viável.

Os pecados do redator

Na opinião dos vestibulandos, a redação não é a matéria mais tranquila. Para a grande maioria, ela é, senão a mais difícil, a mais complicada de todas as provas. Já se disse que ela é a vilã dos vestibulares, o calcanhar de Aquiles dos candidatos.

Não se pode dizer que essa impressão seja decorrente apenas do "fracasso" do ensino do português nos níveis fundamental e médio, da "falta do hábito de leitura" ou do "comodismo de alunos" acostumados com as facilidades de um ensino cada vez menos exigente. Tudo isso pode ser verdade, mas há outras motivações de natureza objetiva para isso, que podemos chamar de prevenção contra a obrigação de preencher uma página em branco, expondo as próprias ideias.

Convenhamos que não deixa de ser constrangedor ou, no mínimo, desconfortável para qualquer um expressar suas opiniões sobre uma questão proposta de improviso para análise e expor-se abertamente, deixando impresso num material durável seu pensamento associado a inúmeras pistas para avaliação do seu mundo interior e das suas potencialidades. Essa é uma dificuldade real, construtiva da própria natureza de qualquer texto escrito.

Se isso é realidade até para um escritor profissional, quanto mais não será para um amador. Mas, além desse fator, há ainda outros motivos de natureza objetiva para justificar a impressão de que a redação é uma prova mais complicada que as outras do vestibular.

Ideias para reflexão:

1. Comparar redação com outras provas

Quando se compara a prova de redação com as demais matérias do vestibular, é fácil identificar vários itens desfavoráveis a ela:

a. As demais disciplinas contam com um programa pré-estabelecido dividido em tópicos de número limitado; a redação não. Isso permite ao professor de outras disciplinas a compartimentação da matéria, em lições com certa autonomia, dispostas em progressão. Permite ao aluno a sensação quantitável de progresso no aprendizado. Se ele falta a uma aula, tem noção de que ficou uma lacuna. Com redação, não se conta com o trunfo de uma lista de tópicos sequenciados. O aluno não desfruta do conforto de dever cumprido. Mesmo que o professor faça uma programação dividida em lições ou unidade didáticas (isso é possível e aconselhável), o aluno sente que deve operar com uma série de conhecimentos simultâneos. Essa é uma das razões por que a falta a uma aula de redação não produz a sensação de lacuna.

b. Como decorrência, o aprendizado da redação não dá saltos perceptíveis, como dão outras disciplinas, em que, a cada semana, é possível computar acréscimos perfeitamente reconhecíveis: o teorema de Pitágoras na matemática, o aparelho reprodutor na biologia, o conceito de isomeria em química etc. Com a redação, não é possível garantir que o aprendizado da semana ou do mês vá repercutir em melhor pontuação na prova anterior. Pode ocorrer – e muito frequentemente ocorre – que a pontuação de uma prova anterior seja superior à da posterior. Basta que sobrevenha um tema menos conhecido. Essa falta de percepção de progresso é um complicador que desfavorece a redação.

c. As respostas das questões das outras disciplinas são previsíveis. Prova disso é que, mesmo no caso de questões escritas, é possível publicar, com poucas variações, a resposta esperada. A redação, ao contrário, não é "gabaritável" e isso é mais um fator de estabilização para o aluno, que sempre deseja saber com precisão os acertos e desacertos contidos na redação.

d. Nas demais disciplinas, considera-se como bom o professor que, por meio de recursos didáticos, diminui o esforço do aluno para aprender. Na redação, o melhor professor é aquele que motiva o aluno a esforçar-se cada vez mais, a provocá-lo a tirar de si cada vez mais empenho.

2. Ser impaciente na preparação

Os complicadores de bases objetivas provocam reações subjetivas que comprometem seriamente o aprendizado. A mais desfavorável é a impaciência, refletida na expectativa de resultados rápidos e perceptíveis e na indisposição para adotar procedimentos que exigem certa dose de disciplina e pragmatismo.

É muito disseminada a crença determinista segundo a qual quem não tem bossa para escritor não deve insistir. Interpretam como deficiências pessoais algumas dificuldades que são constitutivas do ato de escrita.

Presumem (falsamente) que o bom escritor não tem dificuldade para produzir seu texto. Não lhes ocorre que só não tem dificuldade para escrever quem não sabe escrever. Na verdade, o bom escritor vê defeitos que o mediano não vê e faz exigências que não preocupam o redator comum.

3. Não ver utilidade no exercício

Falar das dificuldades que se interpõem ao aprendizado da redação não pode ser visto como uma justificativa para o desânimo, mas como uma tentativa de, por meio de um diagnóstico realista, não cometer enganos na busca de soluções corretas. Quando se pensa nas vantagens da produção de textos, qualquer esforço vale a pena.

Na verdade, a produção de textos não é um meio exercício de raciocínio que se restringe ao universo da escola, mas uma herança da escola, que será útil para a vida toda.

Basta considerar o quanto as novas tecnologias de comunicação pressupõem a boa performance do texto escrito ou, ainda, quantas são as situações da vida prática em que a produção de um texto escrito se mostra mais eficaz do que a de um texto falado. Isso sem citar casos em que só o texto escrito é reconhecido.

Escrever bem é uma arma indispensável para o cidadão em defesa de seus direitos. Tudo isso são vantagens que, por si sós, justificam o esforço do aprendizado da redação. Mas, além disso, há uma enorme vantagem que justifica com sombra de dúvidas o esforço para o ensino e a aprendizagem da produção de texto escrito, sobretudo do texto dissertativo que se propõe a debater temas de caráter polêmico, aqueles que revelam posições ideológicas discordantes.

Trata-se de uma prática de grande eficácia educativa, já que consiste num exercício que privilegia o uso da razão para debater opiniões divergentes, para possibilitar o diálogo e eleger a negociação em lugar do confronto. Por tudo isso, não se nega a convivência de levar a sério a prática da redação na escola e a exigência desse tipo de prova não só nos vestibulares, mas nos concursos em geral.

4. Querer receitas

Não é de estranhar que exista uma demanda volumosa por receitas rápidas e eficazes para aprender a escrever em curto prazo. E não faltam também os que se têm esforçado por atender a essa demanda. A eficácia das tentativas, no entanto, até hoje não foi comprovada.

Por tudo o que se conhece de experiências até hoje realizadas, pode--se dizer, com absoluta certeza, que não é possível aprender a escrever bem em curto prazo. Mesmo porque as competências para escrever são tão complexas que nenhum mortal se atreveria a dizer que já aprendeu todas. O aprendizado da escrita é resultado de um processo contínuo e ininterrupto, sempre aperfeiçoável: todo texto é aperfeiçoável ao infinito.

Isso não quer dizer, no entanto, que não haja nada nesse domínio. Há certas instruções sobre o texto que, conhecidas e aplicadas, vão surtindo efeitos benefícios ao longo do tempo. Quem se prepara para o vestibular, ou para concursos em geral, deve conhecê-las e tirar proveito delas ao produzir seus textos.

5. Não entender o que exigem

Testes e questões escritas são úteis para avaliar se o candidato adquiriu aqueles conhecimentos institucionalizados, convencionalmente aceitos como resposta comprovada para determinados fatos ou ocorrências do mundo em que vivemos.

A prova pretende avaliar a capacidade de operar com os conhecimentos adquiridos para dar uma resposta sustentável a uma questão para a

DICAS PRECIOSAS DE REDAÇÃO: RUMO À EXCELÊNCIA

qual não se conhece uma solução já formalizada e consensualmente aceita como comprovada e irrefutável.

Não se exige a resposta correta, mas uma hipótese sustentável, mais provável do que outras concorrentes. O que se testa, pois, é a iniciativa, a prontidão de raciocínio, a capacidade de usar a razão para dar respostas a situações novas. Entram em ação os argumentos, que não são prova de verdade, mas recursos de linguagem destinados a tornar uma proposta mais aceitável do que outra. Mais do que a mera posse de saber, a redação procura avaliar se o candidato está envolvido com os problemas do mundo em que vive, se tem sensibilidade social, preocupação ética, hábito de reflexão, capacidade de usar os conhecimentos adquiridos em favor da coletividade, se sabe usar a linguagem para fazer-se entender e para ouvir as razões do outro. São, enfim, competências que vão além da mera reprodução de conhecimento já formalizado e se mostram úteis à transformação da ordem social.

Essas aptidões poderiam ser medidas por entrevista ou dinâmica de grupos. Mas, com milhares de candidatos, a única possibilidade é a redação. Para ser bem avaliada, a pessoa deve preocupar-se em revelar essas qualidades por meio da redação.

1. Os pecados da opinião/dissertação

- Tomar todas as questões do mundo como atuais, o que dá margem a introduções sempre muito marcadas por expressões do tipo atualmente, nos dias de hoje, hoje em dia, como para dizer que há uma polêmica em pauta. Ora, se a questão não fosse polêmica, sequer figuraria no debate, não?

- Imaginar que todo texto dissertativo se resolve em apenas três parágrafos. Na verdade, há três momentos na dissertação – introdução, desenvolvimento e conclusão – o que não implica a necessidade de haver sempre três parágrafos.

- Propor soluções a todas as questões do mundo. É preciso notar que na maioria das vezes não se pede que solucionemos os problemas do mundo, mas que apenas possamos discuti-los, agregando ideias à discussão, e só, sem que haja a necessidade de solucionar o que não tem resposta.

SAVIOLI, Francisco Platão. O que a banca considera ser uma boa redação. **Revista Língua Portuguesa**. São Paulo: Segmento, 2014.

3.3 PARTICULARIDADES DO VESTIBULAR E DO ENEM

Vamos começar assim: você fala, não fala? Então pode também escrever. Ops! Você foi alfabetizado, passou por toda a escola, terminou pelo menos o ensino médio? Que ótimo! Era isso mesmo o que eu esperava. Mas pode ser também que você já tenha feito um curso universitário e, mesmo assim, não aprendeu a escrever. Não fique alarmado. Você está dentro do padrão: não saber escrever, mesmo tendo diploma universitário, é a coisa mais comum em nosso país. O único problema é que agora você tem de fazer um concurso e imagine! Vão pedir uma redação!

Passe uma borracha, ou melhor, dê um "del" nesse passado, zere tudo e lembre-se apenas de que você sabe falar razoavelmente bem. Não sabe? Sabe, sim. E é um cidadão bem informado, que lê pelo menos notícias no celular, um jornalzinho e uma revista de vez em quando, prefere filmes com som original e legendas e, na internet, interessa-se por muitos assuntos. Muito bem. Isso é o suficiente. Vou demonstrar, a partir de agora, que você pode fazer uma boa redação.

O tempo, para escrever, é uma dádiva. Use-a. Muitos candidatos não fazem rascunho, escrevem diretamente e vão para casa. Confiam demais no seu "taco". Grande erro. Perdem a oportunidade de melhorar, de aperfeiçoar, de catar um "cochilinho" aqui e ali, de trocar uma palavra mal empregada, de melhorar o fecho e até de perceber, em tempo, uma contradição.

Sabe como é: um ou dois probleminhas em seu texto podem significar aquele pedacinho de nota que poderá fazer com que você perca a vaga. Muitas vagas, em exames vestibulares, são decididas nos milésimos das medidas. Já pensou? Milésimos!

Assim guarde na memória: a paragrafação é uma divisão natural e deve refletir como o escritor está vislumbrando seu texto em blocos de sentido. Por exemplo, se o tema for "pena de morte", fazer não uma, mas três redações, em cada uma defendendo uma opinião diferente: contra, a favor, em cima do muro. Não existe melhor técnica para aprimorar sua capacidade de argumentar, porque você aprenderá a ver um tema sob ângulos diferentes, opostos, e a sua capacidade de argumentar na defesa de um ou de outro será posta à prova. Faça isso sempre.

As bancas de correção esperam certa impessoalidade de seu texto. Por isso, escreva em terceira pessoa, evite exibicionismos, manifestações de sentimentos, tentativas de impressionar pelo uso de vocabulário rebuscado e, sobretudo, citações de autores que não leu. É péssimo negócio.

Escrever coisas como "análize, atrazar, estraordinário" não é cometer errinhos, não é distração, não é desobediência, não é manifestação de personalidade teimosa, é um atestado de desmazelo. Passar 15 ou 20 anos na escola e cometer erros desse tipo é um péssimo cartão de visitas e qualquer membro de banca de correção pode dizer que tal estudante não aprendeu porque não quis.

Agora digamos que, após um texto motivador, apareça a seguinte pergunta: O que você pensa sobre as atividades ilegais de determinadas madeireiras na Amazônia brasileira? O candidato talvez seja tentado a falar sobre a Amazônia, principalmente sobre sua beleza e importância para o planeta; também tenderá a discursar a respeito de ser ela uma região brasileira, e não internacional, como se prega no exterior. Isso até pode ocorrer, mas não deve tornar-se o centro da redação, pois o tema é, realmente, a atividade ilegal das madeireiras, o mal (ou o bem, se você julgar assim) que elas causam à região e, por extensão, ao mundo inteiro.

Diga muito com poucas palavras, e não o contrário.

Há outros fatores que merecem apreciação especial quando se pretende e se necessita alcançar nota alta numa redação. Vejamos, com atenção o que segue.

1. Ser conciso

Exemplo: Ele, que há muito tempo estava preocupado com a prova que faria no colégio, estudou até altas horas da noite, provavelmente até depois das duas horas da madrugada.

Frase longa e feia, com termos vazios. Diga, concisamente: Preocupado com a prova, estudou até à madrugada.

2. Evitar repetição de palavras

Embora não constitua erro gramatical, repetir palavras denota pobreza vocabular e enfeia o texto.

Exemplo: As florestas devem ser preservadas. As florestas significam vida e acabar com as florestas significa acabar com os seres humanos.

As florestas devem ser preservadas. Significam vida, e acabar com elas é o mesmo que exterminar os seres humanos.

3. Evitar cacofonias, rimas

Exemplo: A Polícia Federal confisca gado. (Cagado)

Um texto em prosa deve evitar palavras de mesma terminação, ou seja, que rimam entre si. É praticamente impossível impedir que isso aconteça, mas que não seja repetitivo, que não atinja um número grande de palavras, pois o texto não ficará bom.

Exemplos: Há gente indecente em qualquer continente.

Antes do almoço, o moço fez um esboço.

Seu cão, meu irmão, é um amigão.

4. Evitar o lugar-comum

Em cada época, existem termos que ganham a preferência popular. Todos falam ou escrevem a mesma coisa, num festival de incompetência linguística, inadmissível numa boa redação. Nem sempre, infelizmente, o candidato consegue perceber tais palavras ou expressões corriqueiras. Pode até ser que não lhe sejam subtraídos pontos, em função do que o encarregado da correção entenda como excessivamente usual.

Exemplo: A mãe natureza está apenas revidando.

Por que não apenas natureza?

Vamos deixar claro que esse tipo de construção é correto. O que depõe contra ele é o fato de ser usado em demasia, empobrecendo a redação. Se, por exigência do tema, você tiver de empregar algo assim, faça-o sem susto. Se nada levar a seu emprego, retire-o do texto, que ficará, sem dúvida, mais autêntico.

5. Não usar gírias, palavras chulas e estrangeirismos

É terrivelmente prejudicial à redação o emprego de palavras ou expressões ofensivas. Seja sempre delicado, cortês, respeitador dos bons costumes. Quer ser reprovado? Escreva palavrões em seu texto.

Apelar para gírias e estrangeirismos é provar que tem pouco vocabulário. Eles apequenam a construção, tornando-a demasiadamente popular, rasteira, sem personalidade.

Exemplo: Adorava boi ralado. (Carne moída)

Preciso de um *time*. (Tempo)

Sua utilização só se justifica quando servem para preencher uma lacuna na língua portuguesa, ou quando têm caráter universal. Graficamente, devem apresentar algum tipo de gripo, principalmente as aspas.

Exemplo: Sua vida é um "show".

> SAVIOLI, Francisco Platão. As particularidades dos vestibulares. **Revista Língua Portuguesa**. São Paulo: Segmento, 2014. Adaptado.

3.4 A ARGUMENTAÇÃO

Diante de 30 linhas em branco e da leitura das orientações sobre o tema da dissertação, o candidato vive um drama. Precisa surpreender, apresentar argumentos consistentes, mostrar personalidade textual, fazer seu texto se destacar em meio a milhares. Mas nem sempre o vestibulando, mesmo bem preparado, sabe o quanto pode ser inventivo, autoral e opinativo e o quanto está engessado aos limites do que esperam dele. Qual o perímetro que o autor tem a disposição para trabalhar a opinião pessoal, o estilo e o tema?

Não se exige uma "resposta correta" numa redação, mas uma hipótese sustentável, mais provável do que outras concorrentes. O que se testa é a iniciativa, a prontidão de raciocínio, a capacidade de usar a razão para das respostas a situações novas.

Mais do que a simples posse de conhecimento, a redação procura avaliar se o candidato está envolvido com os problemas do mundo em que vive, se tem sensibilidade social, preocupação ética, hábito de reflexão, capacidade de usar os conhecimentos adquiridos em favor da coletividade, se sabe usar a linguagem para se fazer entender e para ouvir as razões do outro.

Não se pede nenhum tratado literário, mas um texto com começo, meio e fim, que trate do que se pediu, tenha coerência e consistência.

Entenda primeiro o que é argumentar

Argumentar é apresentar evidências que confirmem a posição assumida, expor os detalhes que justifiquem a tese, para convencer o leitor de que a defesa que se faz é a melhor possível. O objetivo é convencer, mas não a qualquer preço. Use argumentos sustentáveis e éticos. Defenda na sua redação a opinião para a qual você tenha argumentos mais poderosos, para articular com competência.

A importância de um plano concreto – Projeto de texto

Para não se perder no meio do caminho, melhor rascunhar um plano para abordar o assunto.

- Formule uma questão sobre o assunto em torno do qual seu texto vai girar.
- Quais temas serão abordados do início ao fim do processo, logo após a leitura da proposta?
- Coloque os assuntos um abaixo do outro, assim dá para mudar algum tema de lugar e ter a ideia geral da redação mais clara na cabeça.
- Faça um elenco de argumentos, causas e consequências. Elabore proposta de intervenção.
- Construa o texto a partir dessas ideias, sem esquecer da norma culta, da coesão e da coerência.

Cuidados de estilo

Coesão: todo texto se organiza em torno de um elemento de referência. A partir dele, todo o resto se posiciona. É preciso cuidar para que uma ideia leve à próxima, sem sobressaltos. O que se escreve num parágrafo deve ter relação com o que se disse no anterior e o que se dirá em seguida. Produzimos as partes pensando no todo.

Concisão: nada de parágrafos intermináveis, com descrições alongadas e pouco objetivas.

Precisão: cuidado com apontamentos de tempos imprecisos como: antigamente, outrora, certa vez e assim por diante; eles nada dizem e atuam negativamente no texto.

Como criar a introdução

Primeiros parágrafos construídos com expressões do tipo "eu penso", "eu acho" ou "eu acredito" são inserções subjetivas que em nada colaboram para a estruturação de texto dissertativo antenado à realidade.

"O aluno entra para o debate olhando para o próprio umbigo. É uma abordagem cega para a realidade e surda para os outros. A inserção objetiva, ou o contrário, traz uma abordagem com dados estatísticos e outras informações que colaborem para uma análise mais concreta" – critica Wella Borges Costa, professor de redação do curso Positivo.

Wella indica a introdução como outra possibilidade de começar a discussão. Trata-se daquele primeiro parágrafo que contextualiza a ideia da redação antes de lançá-lo logo de cara.

O encerramento da redação

Nada de argumentos novos, senão dá a entender que a redação prosseguirá.

Especificamente para o Enem, precisa intervir no problema utilizando cinco elementos: Agente, ação, meio, resultado e detalhamento.

A clareza

Obstáculos para a clareza:

- Uma frágil progressão de tópicos;
- Acúmulo de elementos, ideias e conclusão na mesma frase;
- Anacolutos (começar falando uma coisa, encerrar com outra: "O advogado que não escreve o que diz, não é difícil prever situações de conflito no tribunal");
- Hipérbatos (interrupção de dois termos pela intromissão de um terceiro: "Aguenta a escola pública da privada uma concorrência desleal" (em vez de: "A escola pública aguenta da privada uma concorrência desleal").

Ambiguidade

Clareza também depende do gênero. Ambiguidade num texto não literário é defeito grave. Numa poesia, é charme. Mas até quando há fim utilitário um texto pode ser pouco claro, de propósito. Um gerente pode, de caso pensado, não ser claro sobre pontos que o incomodam no desempenho de um empregado, só para evitar o confronto. Uma exposição que leva a mais de uma interpretação sobre certas metas de uma empresa pode traduzir, no fundo, o empenho de um chefe em engajar sua equipe.

Vamos treinar?

Vamos testar a clareza??

Responda as questões e depois some o total de pontos e confira o quanto você tem sido claro em sua comunicação.

1. Ante um texto que lhe parece truncado, você:

A – Tenta decifrar o texto, mesmo com mais de uma leitura.

B – Lê o texto até o fim, mas uma vez só, para ver o que entende.

C – Abandona o texto antes do fim.

2. Ao reler seu texto, nota uma palavra que pode soar obscura a leigos. Você:

A – Busca outra palavra, mesmo à custa de esforço.

B – Só troca a palavra se lembrar outra. Do contrário, deixa como está.

C – Acha que o leitor tem obrigação de buscar o significado.

3. A frase "A Petrobras terá de explicar a venda de refinarias ao Congresso":

A – Não é clara.

B – É clara, mas pode melhorar.

C – É claríssima.

4. Se, em texto ou conversa, usam palavra que ignora, você:

A – Pede explicações ou, numa leitura, vai ao dicionário.

B – Tenta extrair o sentido pelo contexto.

C – Continua a conversa ou a leitura como se nada tivesse ocorrido.

5. Suas frases escritas seguem a ordem direta (sujeito, predicado, complemento)?

A – Sempre que necessário.

B – Nem sempre.

C – Muito pouco.

6. Qual a redação mais clara?

A – "A polícia começou a rastrear a região".

B – "A região foi rastreada".

C – "Rastrear a polícia a região começou".

7. Você não entende bem um conceito numa pergunta. Ao responder:

A – Pede esclarecimento.

B – Muda o foco para outro aspecto.

C – Fala como se conhecesse o conceito.

8. Costuma escrever uma ideia por frase?

A – Sempre que possível.

B – Às vezes.

C – Quase nunca.

09. Seu texto se desviou do assunto. O que fazer?

A – Refaz tudo a partir do desvio.

B – Aproveita o raciocínio em outro trecho.

C – Retoma o assunto como se não tivesse se desviado.

10. Para você, "selva de pedra":

A – É clichê a ser cortado.

B – Dá para usar.

C – É adequado ao que define.

OLHA O RESULTADO:

RESPOSTAS A = 3 PONTOS; B = 2 PONTOS; C = 1 PONTO.

DE 21 A 30 PONTOS: VOCÊ SE FAZ ENTENDER E SE ESFORÇA POR ENTENDER O QUE DIZEM.

DE 11 A 20 PONTOS: TENTA COMUNICAR-SE, TALVEZ PRECI-PITADAMENTE. PODE MELHORAR SE DER ESPAÇO AOS OUTROS E FOR MAIS CLARO.

10 PONTOS: HÁ PROBLEMAS DE COMUNICAÇÃO. É PRECISO MAIS EMPENHO PARA SER CLARO.

> SAVIOLI, Francisco Platão. As particularidades dos vestibulares. **Revista Língua Portuguesa**. São Paulo: Segmento, 2014. Adaptado.

3.5 A APRESENTAÇÃO DE SEU TEXTO

Posso ultrapassar o limite de linhas exigido?

Eis aqui algo delicado, que não deve ser desconsiderado em uma prova. Se é solicitado ao candidato escrever, por exemplo, entre 25 e 30 linhas (o mais comum nos concursos), não pode ele fugir a isso. A prática é reprovar quem não consegue cumprir tal exigência.

O que fazer, então? Parta do rascunho para conseguir situar-se nos limites exigidos. Aumente ou diminua certas frases, quando não prejudicar a estrutura da redação. Crie um novo parágrafo, com outros argumentos, caso você perceba que não atingirá o mínimo solicitado. É sempre possível fazer semelhante ajuste, pois o candidato conta com uma boa diferença de linhas entre o mínimo e o máximo. Há dois expedientes, contudo, comuns entre os estudantes que precisam ser evitados.

Evite aumentar o tamanho das letras

Recurso utilizado pelo estudante desesperado, que não consegue chegar ao mínimo a ser atingido. Deixa o texto com aspecto ridículo, que depõe contra seu autor. E o reprova, diga-se de passagem. Você certamente tem condições de evitar algo tão desastroso. Nenhum professor aceita semelhante tipo de manobra, sendo preferível correr o risco de fazer uma redação menor do que o exigido.

DICAS PRECIOSAS DE REDAÇÃO: RUMO À EXCELÊNCIA

Evite aumentar o espaçamento entre palavras

Aumentar o espaçamento entre palavras não deixa entrever a dificuldade do candidato. A redação fica semelhante a textos digitados, quando é acionada a tecla "justificar": espaços imensos a criar visual desagradável, descontente. Tal expediente, além de prejudicar a estética da composição, não vai cair nas graças do encarregado da correção.

Pior é juntar as duas coisas: letras e espaçamentos grandes. O ideal é tomar cuidado. Treinar, escrevendo texto e enquadrando-o nos limites estabelecidos. Com algumas dezenas de redações, tal problema deixa de existir.

O treinamento é tudo no aprendizado, seja qual for a área, e redigir não seria exceção. O problema maior talvez seja que as pessoas nem sempre confiam em si mesmas o suficiente para chegar à solução, algumas até por desacreditar no recurso da insistência. Persistir é – não padecem dúvidas quanto a isso – a chave que abre as portas do desenvolvimento pessoal.

Posso usar letra de imprensa?

Se você tem um concurso para fazer, no qual consta a prova de redação, comece a treinar imediatamente a construção de frases com letra manuscrita. Pode ser que você não consiga escrever dessa forma, pois talvez o hábito esteja tão arraigado que lhe seja impossível eliminá-lo. Não se desespere. Escreva com a letra de imprensa, também chamada de letra de fôrma, porém, destaque as iniciais maiúsculas. Algumas bancas pedem a letra manuscrita porque ela permite verificar se o candidato sabe empregar maiúsculas e minúsculas. Caso contrário, esse candidato, que pode até estar com má-fé, levará vantagem sobre os demais, uma vez que todas as letras de sua redação são maiúsculas. A banca dificilmente implicará com você, se as letras maiúsculas forem maiores que as outras, porque ficará provado o seu conhecimento sobre o assunto.

Evite o nome de pessoas ou empresas

A menos que o tema o exija, não faça citações de empresas ou pessoas conhecidas, seja para enaltecer ou criticar. Por exemplo, se o tema é liberdade de imprensa, não use frases como "a Rede Globo de Televisão já se manifestou a respeito..."; "a revista Veja, na tentativa de esclarecer..."; "numa entrevista recente, o senador Eduardo Suplicy mostrou indignação..." É preferível tornar impessoal a argumentação: uma grande rede de televisão; uma das maiores revistas brasileiras; um respeitado senador da República etc.

Não escreva menos de três parágrafos

A não ser que haja orientação em contrário, comece sua redação por um parágrafo relativamente curto, a título de introdução. Faça nele afirmações que servirão de base para os parágrafos seguintes, que constituem o corpo, o desenvolvimento da redação, a parte da argumentação. Encerre a dissertação com um parágrafo também curto, a conclusão do trabalho, a qual deve ser incisiva, categórica, a ponto de superar possíveis deficiências anteriores.

A revisão do texto

A principal qualidade numa revisão é a busca por um texto claro, de uma clareza coerente. A clareza do texto é um gesto de educação para com o leitor, costuma dizer o professor e tradutor Gabriel Perissé. É nosso texto ser compreendido sem um desnecessário esforço de interpretação da parte de quem nos lê.

A coletânea

É um pequeno acervo de textos que abordam o tema proposto, cuja interpretação o candidato deve usar para desenvolver a sua redação.

A coletânea tem duas finalidades:

a) Tornar mais iguais as chances dos candidatos.

Se a redação fosse feita apenas a partir de um tema ou título, haveria muito mais vantagens para os candidatos que tivessem mais familiaridade com o tema.

O sucesso dependeria um pouco mais do acaso do que uma redação com coletânea. Dispondo de um conjunto de textos que tratam do tema de pontos de vista diversos, o candidato não tem de inventar, mas deve escrever um texto que dialogue (retome, debata, concorde, discorde, cite...) com os textos da coletânea.

b) Ela permite avaliar a qualidade da leitura que o candidato faz da própria coletânea.

Mais que isso, ela permite simular mais adequadamente a escrita do mundo real, porque todos os que escrevem pesquisam antes de escrever, ou seja, organizam sua própria coletânea.

AQUINO, Renato de. **Interpretação de textos**. Rio de Janeiro: Impetus, 2004.

Capítulo 4

MANUAL DE REDAÇÃO

A avaliação escolar hoje só faz sentido se tiver o intuito de buscar caminhos para melhorar a aprendizagem.

(Jussara Hoffmann)

Sempre em busca de um olhar crítico para as questões sociais em nosso país, o Enem apresentou como tema central "O trabalho na construção da dignidade humana", em uma de suas provas de redação, o que não deve ter surpreendido quem acompanhou as propostas formuladas nos últimos exames. Afinal, mesmo com a imensa variedade de temas que os principais vestibulares do país costumam apresentar para a redação, são comuns as escolhas dos grandes debates abertos e aquecidos pelas diversas mídias.

Muitas vezes, a escolha nasce de polêmicas bastante elementares ao redor de questões ligadas à injustiça social – "temas sociais" –, outras de verdadeiros dilemas da humanidade – "temas filosóficos". Mas tanto em um caso como em outro, as formulações que se leem nas propostas valem-se de textos de apoio que, de certa forma, conduzem o candidato à leitura crítica dos fatos.

O tema é apenas parte do jogo. As boas propostas de redação provocam o uso de **repertório** do próprio candidato. Isso quer dizer que o conhecimento acumulado com as leituras variadas que fez até então é fundamental não só para a compreensão da prova, como também para o desenvolvimento mais adequado da opinião. Para uma das provas do Enem, o candidato deveria posicionar-se não só com seu conhecimento teórico (O que é trabalho? Que formas adquiriu ao longo do tempo? Como o trabalho é valorizado dentro do sistema em que vivemos? Que importância tem dentro do desenvolvimento da economia de um país?), como também com seu repertório de leituras de jornais e revistas e de informações de noticiários de televisão. Só dessa forma o produto final demonstraria atualizado e inserção do candidato em relação às reflexões nacionais e internacionais sobre o tema. O refinamento do texto ficaria a cargo do conhecimento de obras literárias, cinematográficas, teatrais, artísticas e filosóficas que exploraram de modo crítico, em sua essência, o vínculo da dignidade humana ao exercício do trabalho.

O repertório de leituras de um autor é fundamental para a originalidade da argumentação. Um candidato que, de modo adequado, na formulação de argumentos, trabalhe com uma obra literária – reconhecida pela crítica especializada – ou com o pensamento de importantes historiadores, geógrafos e economistas, ou ainda que apresente conceitos importados diretamente da filosofia, trará densidade às suas ideias e, provavelmente, produzirá um texto com maiores chances de aprovação.

PLANO DO TEXTO

Ainda que o tempo oferecido para a elaboração da redação, em um exame vestibular, seja sempre uma grande preocupação do candidato, fazer um pequeno plano de texto tende a facilitar as coisas. O tempo que o plano toma costuma ser devolvido na etapa final da produção do texto. Como o texto opinativo é composto de seções quase obrigatórias, o plano de texto ajuda a organizá-las previamente.

Uma ideia prática para formular o plano de texto é questionar o tema. Dessa forma, as perguntas exploram a proposta e as possíveis respostas esboçam os parágrafos. Vamos ver um exemplo.

A Universidade Federal do Rio de Janeiro, em seu exame de 2010, apresentou uma proposta que pedia a elaboração de um texto dissertativo-argumentativo, no qual o candidato deveria desenvolver "reflexões a respeito dos papeis usualmente considerados masculinos ou femininos". Para auxiliar o estudante, textos de naturezas próximas serviam de norteadores. O primeiro era uma afirmação categórica, posicionada como enunciado da proposta: "Toda cultura determina de algum modo os papeis dos homens e das mulheres".

A partir daí, uma antologia formada por três pequenos excertos de textos teóricos apresentava alguns conceitos acerca do relacionamento dos gêneros masculinos e feminino nas sociedades de nosso tempo. Heleieth Saffioti, em sua obra *O Poder do Macho*, faz uma clara diferenciação entre o nascimento do ser humano, quando é classificado como macho ou fêmea, e a fase em que adquire identidade social e passa a ser homem ou mulher. A antologia, assim, iniciava-se de modo informativo e crítico, ao apontar

DICAS PRECIOSAS DE REDAÇÃO: RUMO À EXCELÊNCIA

a igualdade de condições modificada pela sociedade durante a vida. Em seguida, um excerto do "sucesso editorial" de Allan e Barbara Pease, *Por Que os Homens Fazem Sexo e as Mulheres Fazem Amor?: Uma Visão Científica (e Bem-Humorada) de Nossas Diferenças,* apontava para um caminho oposto, e bastante conservador, ao afirmar que as distinções nas formas de ser são decorrências das diferenças biológicas entre homens e mulheres. Encerrando a coleção de textos, a pesquisadora Maria Cristina Poli, em excerto extraído de sua obra de 2007, *Feminino/Masculino,* deixava nítida uma significativa transformação na maneira de conceber papeis sociais para homens e mulheres.

Levando em consideração os pensamentos formulados nos textos, e sem copiá-los – conforme instruções explícitas da proposta –, seria muito conveniente explorar o tema por intermédio de um ponto de vista sociológico. Assim, um bom plano de texto poderia estabelecer as etapas da dissertação (apresentação, desenvolvimento e desfecho) partindo, por exemplo, das seguintes reflexões:

INTRODUÇÃO

1. A condição biológica – nascer mulher ou nascer homem – pode ser, ainda na atualidade, considerada fundamental quando são discutidas e construídas as diferenças entre sexos?

2. Podemos considerar legítimas as pseudocertezas que delimitam a condição de gênero? Comportamentos definidos, a princípio, como femininos ou masculinos são realmente dados incontestáveis em nossa sociedade?

DESENVOLVIMENTO

3. Considerar as lutas dos movimentos de mulheres e suas diversas conquistas, como o acesso ao mercado de trabalho, pode promover uma importante revisão de afirmações generalizantes?

4. A ruptura registrada, ainda no século XIX, entre a literatura romântica e a realista, em relação à condição feminina, ainda não foi assimilada por alguns setores da sociedade em pleno século XXI?

5. Por que a tão bem-sucedida publicidade brasileira segue sendo tão sexista? Será uma preferência (e exigida) nacional?

6. Dados recentes dão conta de uma melhora, mas as mulheres continuam recebendo salários inferiores aos dos homens no mercado de trabalho, em ocupações semelhantes. Isso será constitucional?

7. A discriminação da mulher, em alguns setores da sociedade, será fruto de machismo ou de uma natureza discriminatória, comum ao ser humano, quando organizado em um sistema social de competição?

8. O produto televisivo nacional mais bem-sucedido, a telenovela, combate ou reforça os estereótipos de gênero?

9. Ser dona de casa, hoje, pode realizar uma mulher?

DESFECHO

10. As diferenças de gênero parecem ser "relativizadas" de acordo com as condições econômicas e culturais de um determinado grupo social?

11. Será possível construir uma sociedade que entenda homens e mulheres em condições de igualdade de oportunidades? Como?

As questões anteriores são apenas exemplos. O aluno deve estabelecer as três etapas partindo de suas próprias reflexões.

LEITURA E INTERTEXTUALIDADE

Uma das etapas mais exigentes da prova de redação é a capacidade de leitura do candidato (em relação aos textos apresentados na prova). Decodificar, compreender, interpretar e, finalmente, extrapolar os limites dos textos apresentados na proposta pode ser o fator decisivo para o sucesso da redação. O candidato que percebe as intenções da antologia e de seus autores consegue, rapidamente, estabelecer relações e contemplar a expectativa da banca avaliadora do vestibular.

DICAS PRECIOSAS DE REDAÇÃO: RUMO À EXCELÊNCIA

Na prova da Unicamp 2011, a antologia oferecia uma entrevista com Tatiana Nahas – apresentada como "bióloga e professora de Ensino Médio, tuiteira e blogueira". O candidato deveria assumir a posição de um líder do grêmio estudantil que, após ler a entrevista, resolve convidar a profissional à escola a fim de estabelecer um diálogo entre a realidade atual do ensino de ciências e as propostas que vislumbrou em sua leitura. O texto exigido pela prova era a apresentação da palestrante na instituição. Assim, o candidato foi submetido a um exame preliminar do tema proposto, com base em sua própria leitura crítica acerca das posições da educadora e também no próprio posicionamento acerca do ensino de ciências – e, por extensão, das metodologias de ensino nas escoas brasileiras. Só assim poderia projetar-se como o fictício líder estudantil proposto. A boa compreensão do texto era, de fato, decisiva para a correta realização da prova.

> FAZZOLARI, Davi. **Enem – nota máxima – Linguagens, Códigos e suas tecnologias**. São Paulo: Leya, 2013.

Vamos treinar?

Agora, é a sua vez: identifique no texto as ideias da introdução, do desenvolvimento e do desfecho. Além disso, note que na redação tem uma intertextualidade, mostre qual é.

Em pleno século XXI, uma agrura que necessita de solução é o feminicídio, casos como o de O. J. Simpson, jogador de futebol americano que agrediu, perseguiu e assassinou sua ex-esposa e foi considerado inocente têm se tornado cada vez mais comuns. Observa-se, portanto, que o acontecimento desses episódios decorre da formação patriarcal e misógina da sociedade, porque, dessa forma, estabeleceu-se uma relação de poder e impunidade referente aos homens cisgênero.

Nesse viés, de acordo com a filósofa francesa Simone de Beauvoir, gênero é uma elaboração social, assim, na construção de diversas comunidades, o papel designado pelos próprios indivíduos às mulheres e o espaço ocupado por elas estavam relacionados às atividades domésticas e à submissão ao homem. Destarte, houve uma desumanização do feminino e foi elaborada uma imagem idealizada e objetificada, que abriu espaço para a estruturação do patriarcalismo e do machismo, logo, da violência – abuso sexual, psicológico e físico.

Além disso, a manutenção dessa construção social perdura até os dias atuais. Referente a isso, na música "Maria da Vila Matilde", a cantora brasileira Elza Soares retrata a visão de um eu lírico vítima de violência doméstica. Mormente, o feminicídio ocorre após episódios de abuso e o agressor é um indivíduo próximo, assim como na canção. Ademais, a abordagem utilizada pela mídia e pela comunidade em relação a esse crime de ódio contribui para a sua contínua reprodução, pois existe uma culpabilização da mulher e o reforço estereótipos de gênero. Isso posto, ocorre uma dificuldade sistemática, que impede a concretização das denúncias.

Diante desse prisma, é mister que as escolas, públicas e particulares, como formadoras de indivíduos, estimulem discussões sobre o tópico, através de aulas, palestras e debates, com o fito de inserir ideais de respeito e igualdade em variados âmbitos. Por conseguinte, será possível combater o preconceito que se estruturou no tecido social.

Texto cedido por Alice Amorim Grilo (aluna da autora)

4.1 COESÃO TEXTUAL

1. A DEFINIÇÃO DE COESÃO TEXTUAL

Pode-se dizer que praticamente todos os textos são articulados pela interseção de dois aspectos: o primeiro realizado por fatores semânticos (conexão referencial) e o segundo realizado por conectores sintáticos (conexão sequencial). A essa articulação entre os dois aspectos dá-se o nome de coesão. Segundo a linguística Ingedora Koch, no livro *A coesão textual*, "o conceito de coesão textual diz respeito a todos os processos de sequencialização que asseguram (ou tornam recuperável) uma ligação linguística significativa entre os elementos que ocorrem na superfície textual".

Em outras palavras, a coesão é responsável pela concatenação das diferentes partes do texto, pois, para a compreensão do sentido, não basta que haja uma sequência de frases bem formadas, mas sim que elas se relacionem e complementem de forma harmoniosa. Vale lembrar que, sem coesão, o texto parece formado por frases desconectadas, que não se relacionam umas às outras. Em uma prova de redação, esse erro pode ser fatal, uma vez que todas as bancas conferem a tal quesito um peso importantíssimo nos espelhos de correção.

DICAS PRECIOSAS DE REDAÇÃO: RUMO À EXCELÊNCIA

Vamos estudar os principais recursos de coesão referencial e sequencial, chamando atenção para eventuais deslizes em que os candidatos costumam incorrer na hora de redigir seus textos.

2. COESÃO REFERENCIAL

A coesão referencial é o processo pelo qual se retoma ou antecipa um termo no texto, instalando uma cadeia de referenciação. Veja:

> **Maria** tem um carro que foi comprado no ano passado. O veículo foi adquirido em uma concessionária, mas **a moça** desconfia de que ele já tivesse sido usado por **sua** vizinha.

Nesse trecho, a palavra Maria é retomada por a **moça** e **sua,** evitando a repetição desnecessária do mesmo vocábulo e relacionando diversas informações sobre uma mesma pessoa. De maneira semelhante, carro é retomado por **que**, o **veículo** e **ele,** instalando outra cadeia de referenciação entre os termos.

Nas provas objetivas é muito comum que a banca exija do candidato o reconhecimento de determinadas cadeias como essa, indagando a qual outra palavra no texto um determinado vocábulo remete. Para responder a esse tipo de pergunta ou usar tal mecanismo em sua redação, note que a coesão referencial é desempenhada basicamente por duas classes gramaticais: os pronomes e os substantivos, sendo necessário atentar para as regras específicas de uso de cada um desses casos.

3. COESÃO SEQUENCIAL

Enquanto a coesão referencial tem por fim retomar outros termos do texto, a coesão sequencial visa estabelecer relações lógicas entre as ideias, como as noções de causa, tempo, consequência, oposição, adição, etc. Essas concatenações lógicas são basicamente veiculadas por conjunções (e locuções conjuntivas) e preposições (e locuções prepositivas), podendo ser ambas as classes chamadas genericamente de conectivos.

3.1 Classificação das conjunções

Conjunções coordenativas	Exemplos
Aditivas	Fui à praia **e** tomei sol.
Adversativas	Faço dieta, **mas** não emagreço.
Alternativas	Fique calado **ou** vá embora.
Conclusivas	Choveu, **logo** o chão está molhado.
Explicativas	Não fume, **pois** faz mal à saúde.
Conjunções subordinativas	**Exemplos**
Causais	**Como** bebeste muito, passaste mal.
Comparativas	Tu és **tão** forte **quanto** teu pai era.
Condicionais	**Se** puder, telefone-me.
Concessivas	**Mesmo que** mamãe autorize, não irei à festa.
Conformativas	Todos agiram **conforme** mandava o figuro.
Consecutivas	Bebeu **tanto que** passou mal.
Finais	Trabalhamos **para que** você fosse feliz.
Integrantes	A moça queria **que** todos fossem embora.
Proporcionais	**Quanto mais** estudo, **mais** aprendo.
Temporais	**Quando** Maria chegou, José saiu.

FURTADO, Lilian; PEREIRA, Vinícius Carvalho. **Técnicas de Redação para Concursos**. Teoria e Questões. 5. ed. São Paulo: Método, 2015.

4.2 AS PROVAS DE REDAÇÃO DO ENEM

1998 Viver e aprender

1999 Cidadania e participação

2000 Direitos da criança e do adolescente: como enfrentar esse desafio nacional?

2001 Desenvolvimento e preservação ambiental: como conciliar os interesses em conflito?

2002 O direito de votar: como fazer dessa conquista um meio para promover as transformações sociais de que o Brasil necessita?

2003 A violência na sociedade brasileira: como mudar as regras desse jogo?

2004 Como garantir a liberdade de informação e evitar abusos nos meios de comunicação?

2005 O trabalho infantil na sociedade brasileira.

2006 O poder de transformação da leitura.

2007	O desafio de conviver com a diferença.
2008	A preservação da floresta Amazônica.
2009	O indivíduo frente à ética nacional.
2010	O trabalho na construção da dignidade humana.
2011	Viver em rede no século XXI: Os limites entre o público e o privado.
2012	O movimento migratório para o Brasil no século XXI.
2013	Efeitos da implantação da Lei Seca no Brasil.
2014	Publicidade infantil em questão no Brasil.
2015	A persistência da violência contra a mulher no Brasil.
2016	Caminhos para combater a intolerância religiosa no Brasil.
2017	Desafios para a formação educacional de surdos no Brasil.
2018	Manipulação do comportamento do usuário pelo controle de dados na internet. Democratização do acesso ao cinema no Brasil.
2019	O estigma associado às doenças mentais na sociedade brasileira.
2020	O desafio de reduzir as desigualdades entre as regiões do Brasil. (Enem digital)

4.3 ENEM: RUMO À EXCELÊNCIA

O perfil da prova:

Elaborar um texto dissertativo é uma tarefa bem delicada e exige do candidato muita calma e conhecimento. Além disso, o interessante é que o aluno conheça o perfil da prova, como a redação será corrigida e como chegar à nota tão esperada para passar no curso desejado e finalmente entrar em uma universidade.

Os temas que são solicitados pelo Enem são socialmente relevantes, podem abordar diversas áreas tanto a social, cultural, política, científico. Sendo o homem o centro.

Como começar a prova de redação do Enem?

Siga essas dicas e, com certeza, vai facilitar a sua produção:

1. Leitura da Coletânea (textos motivadores) e fazer um resumo do assunto.

2. Leitura efetiva da proposta. Lembre-se de usar as palavras principais, logo, na introdução.

3. Faça perguntas: o motivo do tema; quais causas, consequências. Explore ao máximo os argumentos que defendem seu ponto de vista.

4. Construa uma súmula, um mapa conceitual ou um roteiro sobre as principais ideias: pense em alusões históricas, citações, dados, filmes, músicas, ideias de teóricos, enfim, argumentos para seu repertório sociocultural.

5. Logo após, escolha o tipo de introdução, o tipo de desenvolvimento e a proposta de intervenção.

6. Comece o rascunho.

Estrutura do texto

Introdução

Deve apresentar a ideia principal a ser desenvolvida e defendida no texto. É o parágrafo norteador de toda a estrutura dissertativa, aquele que carrega uma ideia nuclear a ser utilizada de maneira pertinente em todo o desenvolvimento do texto.

Defina sua tese, afinal, é seu posicionamento diante do tema e todos os seus argumentos posteriores devem estar diretamente ligados a ela.

Assim, na introdução apresente o tema, problematize e logo após coloque os argumentos que serão desenvolvidos nos parágrafos seguintes.

Antes de fazer a introdução, faça essas perguntas:

O que será discutido neste texto? ASSUNTO

Por que esse tema será abordado? TEMA ANTIGO, HODIERNO

Qual a relevância da análise dessa temática? SOCIAL, POLÍTICA, ECONÔMICA

Há algum fato que possa ser relacionado ao assunto? EXEMPLOS, FILMES, SÉRIES, FATO HISTÓRICO?

Vamos para as estratégias para a introdução:

1. Definição de termos

Uma forma simples, mas muito usada, a definição pode facilitar a vida do estudante e é uma estratégia interessante para dar início ao seu texto.

Definição da palavra MITO

Exemplo:

O mito é um modo ingênuo, fantasioso, anterior a reflexão e é uma situação acrítica de estabelecer verdades. Dessa forma, não só explica parte de fenômenos naturais ou mesmo a construção cultural, mas dão formas a ação humana.

Definição da palavra DISCRIMINAR

Exemplo:

Discriminar significa diferenciar, distinguir, separar. A forma mais comum – embora incompreensível – de discriminação é a racial, que defende uma infundada superioridade dos brancos sobre os negros.

2. Oposição de ideias

Nesse tipo, o autor mostra um contraste, se opõe, compara fatos, argumentos, ou seja, mostra dois lados de uma mesma questão. Lembrando-se de que deve ser bem explicado no desenvolvimento.

Exemplo:

De um lado, professores mal pagos, desestimulados, esquecidos pelo governo. De outro, gastos excessivos com computadores, estrutura física. É esse o paradoxo que vive hoje, muitas escolas públicas no Brasil.

3. Alusão Histórica

Essa é uma ótima escolha de introdução, afinal, demonstra um domínio na competência dois e agrega ao repertório sociocultural, abordando fatos históricos e situa o leitor no tempo.

Exemplo:

Perto da metade do século XX, o mundo vê-se em meio a um conflito de proporções colossais deflagrado entre as potências do globo.

Nesse contexto, os homens deixam suas casas e rumam para batalha, enquanto as mulheres têm de assumir seus postos de trabalho, para assegurar que as nações não parem. Assim, a Segunda Guerra Mundial revela-se a derrocada final do mito de que as mulheres tivessem nascido para o serviço doméstico.

4. Perguntas

Perceba que nessa introdução tem alguns questionamentos que devem ser TODOS respondidos nos parágrafos seguintes.

Exemplo:

Em uma cultura em que o carro é visto como um dos mais importantes objetos na construção identitária, não é estranho que se prefira ele ao transporte público. Assim, quais são os efeitos que essa ação pode provocar na mobilidade urbana? Por que tanto descaso das autoridades em relação a esse setor? E como solucionar esse problema?

5. Esquema básico

Usa-se em primeira instância a palavra-chave (ou expressão) e, logo após, cita-se três argumentos que serão desenvolvidos nos parágrafos seguintes.

Exemplo:

Em pleno século XXI, o homem ainda não solucionou problemas que atingem a todos, pois existem populações imersas em completa miséria, a paz é interrompida frequentemente por conflitos internacionais. Além do mais, o meio ambiente encontra-se ameaçado por sério desequilíbrio ecológico.

6. Palavra seguida de explicação

A palavra "Tragédia" logo no início causa um impacto na sua introdução e pode ser uma alternativa eficiente para começar um texto.

Exemplo:

Uma tragédia. Essa é a conclusão da própria Secretaria de Avaliação e Informação Educacional do Ministério da Educação e Cultura sobre o desempenho dos alunos do 3º ano do ensino médio submetidos ao Sistema de Avaliação da Educação Básica (Saeb) que sempre estudaram em Instituições Públicas no Brasil.

7. Circuito:

Nesse estilo, o autor faz referência a algum autor ou obra que é colocado como base para a sustentação dos argumentos, e retoma essa abordagem na conclusão, produzindo assim um circuito.

Exemplo:

"Não sou descendente de escravos. Eu descendo de seres humanos que foram escravizados!". Quando Makota Valdina Pinto, brasileira, professora, militante do movimento negro, exclama essa frase, ela desmascara a tradição que cristaliza a identidade negra numa história de subordinação e desumanização. Desse modo, ficou estabelecida a necessidade de uma revisão historiográfica da escravidão, bem como a reformulação de ensino nesse período. Assim, em uma cultura marcada pelo mito da democracia racial e pela relativização do preconceito, o racismo é ferramenta para a manutenção de uma estrutura política.

Frases para introdução de um texto

1- É de conhecimento geral que...

2- Muitos sabem que, em nosso país, há tempos, observa-se...

3- Cogita-se com muita frequência...

4- Muito se tem discutido, recentemente, acerca de...

5- Muito se debate, hoje em dia...

6- .... é de fundamental importância em...

7- É indiscutível que...

8- É inegável que...

9- Não raro, toma-se conhecimento, por meio de...

10- Apesar de muitos acreditarem que...

11- Ao contrário do que muitos acreditam...

12- Pode-se afirmar que, em razão de...

13- Ao fazer uma análise da sociedade, busca-se descobrir as causas de...

14- Na sociedade contemporânea, um assunto que tem sido palco de discussão...

15 - Na sociedade hodierna, uma temática que tem provocado reflexão...

16 - Em pleno século XXI um problema que urge solução...

17- A agrura social muito frequente...

18- A sociedade ocidental experimenta...

19- O alto índice de...

20- O problema (palavra-chave)

Desenvolvimento

É a parte mais extensa do texto. É nesse momento que o aluno apresenta seu conhecimento sobre o assunto e convence o leitor sobre a ideia defendida.

Argumentar é um ato de reflexão pessoal, de opinião e questionamento; não deve ser, portanto, reprodução de valores e crenças que impregnam o indivíduo de conceitos já prontos.

Pode usar dados estatísticos, exemplos, perguntas, letra de música. Mas, cuidado... não faça apenas uma sequência de afirmações, por melhor que seja ela. Faça o seu desenvolvimento ser convincente, ter ideias boas, que qualquer pessoa passaria a acreditar em sua tese.

Escolha o tipo de desenvolvimento:

1. Causa e consequência

Exemplos de temas que você pode utilizar de CAUSA e CONSE-QUÊNCIA: Violência; fome; desemprego; trabalho infantil; corrupção; impunidade; consumismo, etc.

Desenvolvimento 1- Causa (possíveis conectivos para iniciar o parágrafo: Primeiramente; Inicialmente; Em primeiro plano; Em primeira análise; Sob um primeiro viés; Em uma perspectiva inicial).

Desenvolvimento 2- Consequência (possíveis conectivos para iniciar o parágrafo: Em virtude de; Por motivo de; Em consequência; Devido a; Em vista; Por conseguinte; Com efeito; Porquanto; Visto que).

2. Retrospectiva histórica

Exemplos de temas que você pode utilizar como RETROSPECTIVA HISTÓRICA:

DICAS PRECIOSAS DE REDAÇÃO: RUMO À EXCELÊNCIA

Mulher, negro, temas com data ou que remetam ao passado, etc.

Desenvolvimento 1- passado (possíveis conectivos para iniciar o parágrafo: Primeiramente; Inicialmente; Em primeiro plano; Em primeira análise; Sob um primeiro viés; Em uma perspectiva inicial.)

Desenvolvimento 2- Presente (possíveis conectivos para iniciar o parágrafo: Hodiernamente; Enquanto; Nesse ínterim; Nesse espaço de tempo).

3. Pontos positivos e negativos

Exemplos de temas que você pode utilizar como PONTOS POSITIVOS E NEGATIVOS: avanço tecnológico; científico; televisão etc.

Desenvolvimento 1- Aspectos favoráveis (possíveis conectivos para iniciar o parágrafo: Primeiramente; Inicialmente; Em primeiro plano; Em primeira análise; Sob um primeiro viés; Em uma perspectiva inicial).

Desenvolvimento 2- Aspectos contrários (possíveis conectivos para iniciar o parágrafo: Em contrapartida; Todavia; No entanto; Em oposição a isso; Porém; Entretanto; Não obstante; Apesar de; Contudo).

4. Generalização e especificação

Para qualquer tema você pode usar esse estilo de GENERALIZAÇÃO E ESPECIFICAÇÃO, por exemplo: em um desenvolvimento você generaliza, colocando um fato que aconteceu no mundo (Pandemia), depois especifica a pandemia no Brasil.

Desenvolvimento 1- Generalizar (possíveis conectivos para iniciar o parágrafo: Primeiramente; Inicialmente; Em primeiro plano; Em primeira análise; Sob um primeiro viés; Em uma perspectiva inicial).

Desenvolvimento 2- Especificação (possíveis conectivos para iniciar o parágrafo: Ademais; Além disso; Outrossim; Do mesmo modo; Somado a isso; A posteriori).

Conclusão

É o fechamento do seu texto, não pode concluir de forma abrupta nem com uma argumentação nova. Deve fazer uma intervenção social.

Na intervenção, o leitor tem que perceber um claro desejo do participante de indicar uma iniciativa que interfira no problema em questão.

É preciso buscar propostas com um caráter interventivo, ou seja, é preciso buscar o desejo de intervir em uma dada situação a fim de modificá-la.

Atenção: o aluno, em nenhuma hipótese, pode ferir os direitos humanos (dignidade, igualdade, valorização).

O aluno não receberá nota máxima pela quantidade de propostas, mas sim pela sua qualidade. Deve, obrigatoriamente, ter os cinco elementos que serão minunciosamente explicados na competência cinco deste livro. São eles: agente, ação, meio/modo, detalhamento e resultado/objetivo.

Frases para conclusão de um texto

1- Em virtude dos fatos mencionados...

2- Nessa conjectura...

3- Levando em consideração esses aspectos...

4- Diante das premissas abordadas...

5- Em vista dos argumentos apresentados...

6- Levando-se em conta o que foi observado...

7- É mister...

8- Portanto; logo; então; assim...

9- Em face a essa realidade...

10- Diante desse contexto...

11- Diante desse viés...

12- É imprescindível, então, que todos se sensibilizem em prol...

13- É fulcral...

14- Para mitigar...

15- Ademais...

Atenção: O TÍTULO na redação do Enem é opcional, apesar de facultativo ele pode ser importante em uma redação, pois é o primeiro contato do corretor com seu texto. Ele deve estar centralizado, e é uma síntese do seu texto, de preferência deve ser original, criativo e que convide à leitura. Mas, não esqueça de ler as instruções da prova para verificar se o título naquele ano será, realmente, facultativo.

Evite a nota zero

1- Não assine no final do seu texto;

2- Não coloque desenhos nem emojis;

3- Não coloque números e contas fora do texto;

4- Não rasure em demasia;

5- Não faça um texto ilegível;

6- Cuidado com parágrafos em Língua estrangeira;

7- Não copie do texto motivador;

8- Não fuja ao tema;

9- Não faça narrações e/ou descrições;

10- Não ofenda nem use xingamentos;

11- Não faça reflexão sobre a prova ou sobre si mesmo;

12- Não mande recado à banca examinadora;

13- Não coloque oração;

14- Não coloque mensagem de cunho político/partidária;

15- Não coloque uma música completa, hino ou poemas;

16- Não coloque mensagens no final como: "Deus te ama e eu também", "fim", "the end", "amém".

A prova do Enem é avaliada em cinco competências

Competência I – Domínio da Língua Portuguesa

O aluno precisa **"Demonstrar domínio da modalidade escrita formal da Língua Portuguesa"**. Essa competência é de fácil compreensão, afinal, o corretor quer saber se o estudante sabe escrever, se conhece e aplica as regras gramaticais.

A produção precisa ser formal: não pode usar a oralidade, como: tá, tb, na moral e etc.

Cuidado com:

Períodos truncados: Ex: a ideia dita já foi citada para que outras reformas sejam sempre bem postas.

Ausência de palavras: Ex: no Brasil a está difícil demais.

Excesso de palavras: Ex: precisa-se de melhorias, transformações, mudanças para modificar a situação atual que hoje preocupa a todos.

Competência II - Tema e tipo

O aluno precisa **"Compreender a proposta de redação e aplicar conceitos das várias áreas de conhecimento para desenvolver o tema, dentro dos limites estruturais do texto dissertativo-argumentativo em prosa"**, ou seja, o estudante deve desenvolver o tema por meio de argumentação consistente, a partir de um repertorio sociocultural e apresentar excelente domínio do texto dissertativo.

Tipo: dissertativo-argumentativo

Estrutura:

Introdução - 1 parágrafo + ou - 5 linhas;

Desenvolvimento - 1, 2 ou 3 parágrafos;

Conclusão - 1 parágrafo + ou - 5 linhas.

Cuidado com parágrafos curtos demais.

Tema:

Usar um repertório sociocultural que é o reflexo do seu conhecimento de mundo, de suas leituras feitas, de seu estudo diário. Use informações, fatos, citações, dados estatísticos, exemplos, provas, autores, alusão histórica etc. (ampliação).

Autores que auxiliam a argumentação teórica:

Herbert José de Sousa - Betinho (Sociólogo e ativista dos direitos humanos brasileiro)

"Só a participação cidadã é capaz de mudar o país."

"Democracia serve para todos ou não serve para nada."

"O desenvolvimento humano só existirá se a sociedade civil afirmar cinco pontos fundamentais: igualdade, participação, solidariedade e liberdade."

"Para nascer um novo Brasil humano, solidário, democrático, é fundamental que uma nova cultura se estabeleça, que uma nova economia se implante e que um novo poder expresse a sociedade democrática."

Hannah Arendt (filósofa alemã)

"Em sua teoria intitulada *A banalidade do mal*, Hannah Arendt afirma que a violência, por estar tão concretizada na sociedade, foi normalizada."

Karl Marx (filósofo alemão)

"Só se transmite aquilo que a classe dominante deseja."

"Os homens fazem a história, mas a fazem em condições determinadas."

"Os homens fazem a história, mas não sabem que a fazem."

Milton Santos (geógrafo brasileiro)

"A força da alienação vem dessa fragilidade dos indivíduos que apenas conseguem identificar o que os separa e não o que os une."

"O terrível é que, nesse mundo de hoje, aumenta o número de letrados e diminui o de intelectuais. Não é esse um dos dramas atuais da sociedade brasileira?"

Leandro Karnal (historiador brasileiro)

"É o conhecimento que existe a possibilidade de libertação."

"Provavelmente a indiferença seja maior e mais cruel das maldades humanas, pois ela significa que eu sequer estou lhe vendo."

Paulo Freire (educador e filósofo brasileiro)

"Mudar é difícil, mas é possível."

"Não é no silêncio que os homens se fazem, mas na palavra, no trabalho, na ação-reflexão."

"Amar é um ato de coragem."

Rubem Alves (pedagogo e teólogo brasileiro)

"Educar é mostrar a vida a quem ainda não a viu,"

"Há muitas pessoas de visão perfeita que nada veem...O ato de ver não é coisa natural. Precisa ser aprendido."

Zygmunt Bauman (sociólogo e filósofo polonês)

"Na longa busca pela aptidão não há tempo para descanso, e toda celebração de sucessos momentâneos não passa de um intervalo antes de outra rodada de trabalho duro."

"O capitalismo não entregou os bens às pessoas; as pessoas foram crescentemente entregues aos bens."

Durkheim (sociólogo francês)

"Fatos sociais são instrumentos sociais e culturais que determinam a maneira de agir, de pensar e de sentir do ser humano." Segundo Durkheim, eles influenciam, independentemente da vontade do indivíduo, as normas vigentes, os valores e as convenções que imperam.

<u>Refinando a linguagem</u>:

Intertexto – Tema: trabalho – utilizando uma música

"Todo dia fazemos tudo sempre igual: somos sacudidos às seis horas da manhã e sorrimos sorrisos pontuais". Ao cantar o dia a dia de um homem assalariado em música à qual, aliás, deu o título de "Cotidiano", Chico Buarque, em meio a uma repetição de afazeres, enumerou a frequente renúncia aos desejos. Embora no dicionário o conceito de trabalho surja subordinado ao do homem, tornou-se difícil definir-se hoje se é mesmo o trabalho que depende do homem para existir ou ao contrário.

Competência III - Projeto de Texto

O aluno deve "**Selecionar, relacionar, organizar e interpretar informações, fatos, opiniões e argumentos em defesa de um ponto de vista**". Assim, o estudante precisa defender seu ponto de vista de forma organizada e consistente, deve fazer um projeto de texto. Além disso, a redação precisa ter autoria e ir além dos textos motivadores.

Vamos lá: a competência aborda vários verbos: **selecionar, relacionar, organizar e interpretar**. Fazendo uma análise minuciosa da competência, vamos estudar cada verbo desse:

Selecionar: o aluno precisa filtrar as melhores ideias que ele tem dentro do tema, deve sair do senso comum, do que é óbvio, que não traz nenhuma informação adicional. Deve, inclusive, ir além dos textos motivadores.

Relacionar: o aluno deve associar as informações que ele mesmo selecionou para que se tenha progressão textual.

Organizar: o estudante deve produzir um texto organizado, sem contradições, em que o corretor perceba que ele projetou o texto antes de fazer o rascunho.

Interpretar: o estudante deve mostrar com clareza que soube interpretar o tema e, além disso, essa competência avalia se o papel na argumentação foi cumprido, se o aluno realmente convenceu com os fatos, opiniões.

Dessa forma, é avaliada a consistência argumentativa e a capacidade de persuasão do autor do texto, além disso, se há coerência entre a introdução, o desenvolvimento e a conclusão.

Competência IV - Operadores Linguísticos

O aluno deve "**Demonstrar conhecimentos dos mecanismos linguísticos necessários para a construção da argumentação**", ou seja, deve articular bem as partes e deve ter repertório diversificado de recursos coesivos. A coesão dentro dos parágrafos e a coerência no texto. Assim, a coesão estabelecerá, em sua redação, o encadeamento entre os períodos e os parágrafos, de modo que a leitura fique fluida e compreensível.

Exemplos:

Entretanto;

Nesse viés;

Por esse prisma;

Dentre essas especificidades;

Além disso;

Por conta de, assim, por isso, visto que, nesse contexto, portanto, diante disso, bem como, em função disso;

Destarte (assim);

Indubitavelmente (com certeza);

Atenção: usar conectivos diferentes.

Outrossim (do mesmo modo, igualmente);

Em primeira análise...

Ademais (além do mais);

Mormente (principalmente);

Precipuamente (essencialmente);

Fulcral (fundamental).

Estudamos mais detalhadamente sobre esse assunto no capítulo 4, especificamente, 4.1- Coesão textual deste livro.

Competência V - Proposta de intervenção

O aluno deve "**Elaborar proposta de intervenção para o problema abordado, respeitando os direitos humanos**", ou seja, produzir bem uma proposta de intervenção e de forma detalhada. Não precisa buscar soluções definitivas, mas sim àquelas que têm chances de serem executadas.

Deve conter os cinco elementos descritos:

1 – Agente - ator social - Quem executa?

Interventores:

Estado Ministérios (saúde, justiça, educação- MEC)

Governo (prefeitos, governadores)

Mídia

Escola

Sociedade

ONGs

População/família

Exemplos: É mister que as ESCOLAS capacitem...

É fundamental que as PREFEITURAS...

Portanto, para resolver o impasse, o MEC deve fiscalizar...

Logo, precisa-se por parte do GOVERNO...

2 – Ação - O que deve ser feito?

Orientar / realizar / cobrar / implementar

Punir / garantir / viabilizar

Multar / Lutar / praticar

Fiscalizar / guiar/ divulgar

Cumprir / fornecer/ debater

Valorizar / Manifestar/ promover

Investir / Mudar/ incitar

Melhorar / Incentivar/efetivar

Exemplos: A mídia, junto com o governo, DEVE IMPLANTAR propagandas...

ONGs DEVEM COBRAR do governo...

É necessário que as escolas DIRECIONEM...

3 – Recursos/Meios - Como executar? São os recursos

Por meio de:

Propagandas - alcance nacional

Palestras

Projetos

Investimentos financeiros, humanos

Passeatas

Aulas

Diálogos

Exemplos: Isso se daria por MEIO do aumento da carga horária da disciplina de Libras na grade curricular da graduação dos educadores.

Além disso, cabe ao MEC, ATRAVÉS da associação com empresas privadas, desenvolver...

... Inclusão social POR MEIO da criação de programas nacionais que elaborem medidas que alcancem esse objetivo.

4 – Resultado - O efeito causado pela ação - para quê?

Qual o objetivo, a finalidade das ações?

Garantir direitos

Incitar a empatia e respeito

Diminuir as desigualdades sociais

Extirpar as injustiças no Brasil

Acabar com o preconceito enraizado

Resolver os problemas da sociedade

Exemplo: ...para que assim possam diminuir as desigualdades sociais.

Exemplo: Portanto, para que haja uma solução, o Ministério da Educação precisa criar núcleos especializados dentro das escolas com profissionais qualificados, acompanhados de uma política voltada para essa classe, com o intuito de fiscalizar e fazer cumprir as regras assim estabelecidas.

5 – Detalhamento - amplia um dos 4 elementos

Para o detalhamento, pergunta-se: que outra informação sobre esses elementos foi acrescentada pelo aluno na conclusão?

Detalhamento pode ser: exemplos, explicação, justificativa, contextualização.

Detalhamento da ação

Exemplo: Ademais, as prefeituras poderiam disponibilizar materiais tecnológicos, **como computadores e tablets**, a fim de otimizar o aprendizado visual dos alunos.

Detalhamento do agente

Estado: **responsável por cumprir leis, garantir direitos, dar oportunidades, resolver problemas;**

Mídia: **formadora da opinião, capacidade de influenciar, abarcar todo um país;**

Escola: **formadora de cidadãos conscientes, base de criatividade, conhecimento;**

Família: **base de valores, respeito e afeto.**

Exemplo: Para solucionar o entrave, as ONGs, **como órgão que visa suprir as deficiências do Estado**, devem disponibilizar...

Detalhamento do meio

Exemplo: Isso poderia ser realizado por meio de campanhas publicitárias, com **propagandas informativas nos grandes veículos midiáticos**, que tragam ideias de cidadania, igualdade e respeito ao próximo, objetivando uma mudança na perspectiva social...

Detalhamento do resultado

Exemplo: Urge, pois, a necessidade de o governo aumentar a eficácia da educação dos surdos no Brasil, a partir de palestras destinadas às escolas com o objetivo de propiciar o aumento no uso de Libras de forma mais abrangente na sociedade. **Com isso, ao longo do tempo ocorrerão mudanças positivas na educação brasileira.**

Indicação de filmes que auxiliam a argumentação teórica:

Filmes	Tema
Matrix	Tecnologia
	Inteligência artificial
Jobs	Revolução tecnológica
	Relações interpessoais
Inteligência artificial	Ciência
	Ética
Hotel Ruanda	Intolerância
	Refugiados

Cidade de Deus	Pobreza
	Violência
	Favela
Tropa de Elite	Violência
	Crime organizado
Sequestro do ônibus 174	Pobreza
	Violência
	Favela
O Mínimo para viver	Anorexia
	Autoestima
A menina de Ouro	Eutanásia
	Esporte
Bacurau	Sertão
	Violência
A entrevista	Liberdade de expressão
	Hackers
A era da estupidez	Meio ambiente
	Alterações climáticas
Luto em luta	Mobilidade urbana
	Tragédias no trânsito
Contágio	Saúde
	Epidemia
Terra Vermelha	Indígenas
	Escravidão
Intocáveis	Inclusão de deficientes
	Autoestima
Amour	Idosos
	Vida x amor x arte
Um sonho possível	Esporte
	Inclusão
Sempre ao seu lado	Animais
Rio	Animais
	Contrabando
A classe	Bullying
	Adolescência

Democracia em Vertigem	Democracia
A ponte	Suicídio Uso de remédios
Ensina-me a viver	Suicídio
Central do Brasil	Analfabetismo Migração
O menino e o mundo	Desigualdade Social Exploração de trabalhadores
Clube da luta	Depressão – Saúde mental Capitalismo Consumismo
Hooligans	Violência no esporte
Muito Além do Peso	Alimentação Publicidade
Meu melhor inimigo	Bullying

Indicação de obras literárias que auxiliam a argumentação teórica:

Obras	Temas
Capitães da Areia – Jorge Amado	Abandono de menores Ação da polícia Sincretismo religioso
Dom Casmurro – Machado de Assis	Relacionamento humano Valores Moral
Lolita – Vladimir Nabokov	Pedofilia Exploração sexual Turismo sexual
Vidas Secas – Graciliano Ramos	Pobreza Desigualdade Fome Exploração
Os miseráveis – Victor Hugo	Fome Marginalização

O mulato – Aluísio de Azevedo	Racismo Preconceito Discriminação
Pedagogia do Oprimido – Paulo Freire	Educação Opressão
Extraordinário – R. J. Palácio	Bullying Aceitação Padronização de beleza
Modernidade Líquida – Zygmunt Bauman	Relações sociais
O guarani – José de Alencar	Questões Indígenas
Eu sou Malala – Malala Yousafzai	Mulher Direitos Humanos
Quebra-cabeça Brasil – Gilberto Dimenstein	Diversos temas sociais: infância, meio ambiente, encarcerados, independência política, mulher, homossexualidade, código civil, identidades culturais, diversidade religiosa, educação, moradia, reforma agrária, trabalho, liberdade de movimento, saúde pública, liberdade de expressão.
Cidadão de Papel – Gilberto Dimenstein	Diversos temas sociais: educação, colapso social, cidadania, violência, trabalho e renda, mortalidade infantil, urbanização e população, desemprego, mercado cultural, desnutrição, meio ambiente.

Indicação de alusões históricas que auxiliam a argumentação teórica:

1. Lei dos Sexagenários: determinou que os escravos maiores de sessenta anos fossem imediatamente libertados. Na época, a lei foi imensamente criticada, pois existiam poucos negros em idade avançada. TEMAS: racismo, preconceito.

2. Darwinismo social: processo de transformação e adaptação ao ambiente. Darwin expôs que as espécies se transformavam a partir da seleção em que características mais adaptadas a um ambiente se tornavam predominantes. TEMAS: questões da sociedade, superioridade, preconceito.

3. Apartheid: era um regime segregacionista que negava aos negros da África do Sul os direitos sociais, econômicos e políticos. TEMAS: racismo, preconceito.

4. Voto de Cabresto: os coronéis utilizavam de seu poder econômico para garantir a eleição dos candidatos que apoiavam. TEMAS: corrupção, política, voto.

5. Lei Rouanet: a lei que institui políticas públicas para a cultura nacional. TEMAS: cultura, cinema, teatro, música.

6. Escravidão no Brasil: teve início na metade do século XVI, com a produção da cana-de-açúcar. Os portugueses traziam mulheres e homens negros africanos de suas colônias na África para utilizar como mão de obra escrava nos engenhos de açúcar no Nordeste. TEMAS: relação de trabalho, preconceito, submissão.

7. Vassourinha: Jânio Quadros foi eleito para varrer a corrupção no Brasil, mas renunciou após seis meses de governo. TEMAS: corrupção, política.

8. Ditadura militar: caracterizou-se pela falta de democracia, supressão de direitos constitucionais, censura, perseguição política e repressão aos que eram contra o regime militar. TEMAS: violência, censura, liberdade de expressão, cultura.

9. Revolução industrial: foi uma mudança na forma de produção de mercadorias ocorrida em meados do século XIX, com origem na Inglaterra, revolucionou o modo de produção com o uso de máquinas. TEMAS: consumo, trabalho, relações trabalhistas, lixo.

10. Revolta da Vacina: a campanha de vacinação obrigatória que ocorreu em 1904, apesar de o objetivo ser positivo, foi aplicada de forma violenta, assim a população recusou a vacina. TEMAS: saúde, violência.

11. Rio+20: é a Conferência das Nações Unidas sobre Desenvolvimento Sustentável que ocorreu na cidade do Rio de janeiro em 2012. TEMAS: meio ambiente, relações sociais.

Vamos treinar?

Agora é com você:

Pesquise mais profundamente sobre essas **alusões históricas** citadas anteriormente e busque mais algumas que possam ser usadas como repertório sociocultural em sua redação. Bom trabalho!

Capítulo 5

TEMAS PARA DISSERTAR

Educar não é ensinar respostas, educar é ensinar a pensar.

(Rubem Alves)

Vamos treinar?

Agora vamos dissertar.

Tema 1

No mundo da revolução tecnológica, o tempo despendido por crianças e adolescentes em responsabilidades laborais é o mesmo subtraído da frequência escolar e do desenvolvimento do saber. Assim, num cenário em que as relações trabalhistas se fundamentam no preenchimento rigoroso da capacidade produtiva e da formação profissional, o trabalhador infantil de hoje é o desempregado de amanhã.

A partir de uma análise das ideias contidas no fragmento em destaque, construa um texto argumentativo, enfocando o trabalho infantil no contexto nacional e ressaltando os custos sociais que a permanência dessa realidade acarretará para o país.

Sugestão de argumentação:

Para a Introdução:

O trabalho infantil é uma drástica realidade que se faz presente no Brasil. A baixa renda familiar, o desemprego que vitima os pais e, sobretudo, a educação deficitária oferecida pelo governo brasileiro, fazem com que crianças e adolescentes sejam inseridos arbitrariamente no mercado informal do trabalho.

Para o D1

Diante desse cenário, a maneira injusta como é feita a distribuição de renda no Brasil ocasiona sérias disparidades sociais. Enquanto uma minoria recebe exorbitantes salários, a maioria dos brasileiros precisa sobreviver com a quantia irrisória do salário mínimo, ou menos que isso. Objetivando atenuar as necessidades econômicas enfrentadas e aumentar a renda familiar, muitos pais obrigam seus filhos menores a trabalhar, privando-os de alguns direitos previstos no ECA (Estatuto da Criança e do Adolescente) como brincar e ir à escola.

Para o D2

Ademais, parafraseando o educador Paulo Freire, a educação leva a mudança social, mas no Brasil há um descaso nesse setor, afinal as escolas públicas não dispõem de qualidade capaz de atrair as crianças, o que muitas vezes, torna-se o subsídio de seus pais para justificar o fato delas não frequentarem as salas de aulas. Isso provocará num futuro próximo, uma elevação no índice de analfabetismo – inclusive o funcional – desqualificação profissional, aumento do desemprego e consequentemente, da criminalidade.

Para a Conclusão

Portanto, faz-se imprescindível que o ESTADO promova uma distribuição de renda mais igualitária para as famílias pobres, através de mais verbas à educação e saúde a fim de diminuir o atraso social que é o trabalho infantil. Somente assim, as crianças brasileiras poderão ser adultos dignos, politizados e conscientes dos seus direitos e deveres.

<u>Tema 2</u>

A condição do Negro no Brasil

Sugestão de argumentação:

Para a Introdução

A partir das nossas raízes históricas, construímos uma imagem do sujeito negro como alguém inferior, a qual perdura até hoje. Ao fazê-lo, porém, o racismo é naturalizado, estado esse, talvez o maior legado da escravidão.

A partir do momento em que se naturaliza a ideia do negro como alguém inferior, legitima-se uma série de manifestações do racismo, o que deve ser enfrentado em conjunto por toda a sociedade brasileira.

Para o D1

Traçar um breve percurso acerca da chegada do negro como escravo ao Brasil, destacando as rupturas sociais, linguísticas, familiares e históricas características desse processo.

Indicar que isso levou a um cenário em que a primeira identidade assumida por esse sujeito na realidade brasileira foi a de "coisa", de "ferramenta" (coisificado). Apontar que essa inferiorização se reflete ainda hoje (sociedade hodierna): pouca representatividade política e midiática, as expressões pejorativas que subjugam o negro, a dificuldade de acesso à universidade – tudo isso parece evidenciar um cenário em que esse indivíduo é reduzido.

Indicar diversos discursos que inferiorizam o negro, sejam propagandas que não o contemplam, expressões cotidianas que o discriminam, sua pouca representatividade em espaços ditos de prestígio, como universidades e, consequentemente, profissões de desejo.

Num cenário como esse, ser negro é ser menos.

Para o D2

Mostrar o funcionamento de uma lógica perversa, isso é, se o sujeito negro não está nos espaços de desejo, se sua pele não tem a cor dita bonita, se seu cabelo não é categorizado como "bom", não se vê o negro como um igual ou como alguém que se quer ser.

Mostra como o racismo se perpetua sistematicamente contra esse grupo e que, no entanto, não é visto como violências.

Revelar a naturalidade vivida em uma sociedade que pratica genocídios constantes contra negros, em que paga salários menores a esse grupo, que ridiculariza a sua cultura e a aceita, frequentemente, sob a condição de não ser representada por negros.

Mencionar, como consequência, que se o negro é subjugado, qualquer tipo de violência contra ele não é encarado como estranheza.

Registrar que, se o negro é entendido como um desigual, sua dor não comove.

Atestar essa dinâmica nas diferenças salariais e nas violências físicas sofridas por esse grupo diariamente.

Tema 3

Ler para ser livre

Sugestão de argumentação:

Para a Introdução

Saber ler não significa decifrar os códigos. É mais que isso, é interpretar, compreender aquilo que está escrito, aquilo que se quer dizer, a mensagem por trás das letras. Fazer a leitura particular das informações contidas em textos, livros, anúncios e outros meios de comunicação. É um hábito que deve ser cultivado desde criança, no seio familiar através do exemplo e do estímulo dessa prática. A criança deve sentir que a leitura é agradável, afinal, estudos comprovam que o aprendizado adquirido por meio de atividades prazerosamente é mais facilmente mantido, além disso, aquilo que foi aprendido possivelmente servirá de auxílio para as vivências da vida adulta.

Para o D1

Ler faz com que o indivíduo tenha acesso a informações relacionadas ao passado, presente e futuro, permite o conhecimento de uma grande variedade de assunto, mesmo que não possa experimentar tudo. É um recurso eficiente para compreensão do mundo, da política, das artes, cultura e tantos outros temas. Aquele que não detém a informação é como quem não enxerga, não participa das mudanças da sociedade na qual está inserido, perde oportunidades e permanece na ignorância sendo conduzido por pequenos grupos dominantes, sem tomar parte da vida que passa diante de seus olhos.

Para o D2

No Brasil, o hábito de ler não está entre os mais escolhidos pelas pessoas. Fora das obrigações estudantis, no momento de lazer, elas optam por outras alternativas. Por outro lado, são raras as políticas públicas voltadas para o incentivo à leitura e a maior parte das verbas destinadas aos livros, no país, só atendem à demanda escolar. Esse, junto a outros problemas relacionados à educação, constitui um dos grandes obstáculos para o pleno desenvolvimento de uma nação.

Para a Conclusão

Urge que as autoridades governamentais voltem suas atenções para a educação nacional, principalmente, para a criação de programas que incentivem a leitura. Planos de ação eficazes que façam com que as pessoas tenham mais acesso aos livros, interesse pela cultura local e internacional e desenvolvam, cada vez mais, o tão importante hábito de ler.

Tema 4

Corrupção: uma patologia social

Sugestão de argumentação:

Para a Introdução

A corrupção é o ato de utilizar uma posição de poder ou privilégio para conseguir algo através de uma "troca de favores". Logo, está diretamente relacionada ao suborno, em que uma pessoa sai ganhando – políticos, por exemplo – e outra sai perdendo – a população.

Para o D1

Diante dessa premissa, é notório que a política brasileira é dominada por homens brancos de classe alta, ou seja, o Estado é controlado pela burguesia, parafraseando Karl Marx. Ademais, visando manter e ampliar seus privilégios, o desvio de dinheiro público pelos próprios governantes, de fato, é comum e normalizado entre eles. Sendo assim, para acabar com a corrupção, o Poder Judiciário é manipulado, dificultando a punição e a fiscalização, além de leis desiguais e ineficientes. Com isso, o Brasil é marcado por grandes esquemas de corrupção como o da Odebrecht, além de investigações, como a Operação Lava Jato.

Para o D2

Por conseguinte, a população é a principal vítima da corrupção, pois a falta de verba nos setores públicos torna os sistemas de saúde e educação precários, traz a falta de saneamento básico, e também eleva os índices de violência. Além disso, a economia, da mesma forma, é fortemente influenciada. Assim, é visível que o desvio do dinheiro público realiza a manutenção da desigualdade social, com a elite explorando o proletariado e desrespeitando a legislação.

Para a Conclusão

Assim, urge a necessidade do Poder Judiciário, responsável pelos julgamentos, com a participação do Poder Legislativo, punir devidamente os indivíduos envolvidos em esquemas de desvio de dinheiro, através da criação de leis mais eficientes e investigações imparciais, com a finalidade de extinguir a corrupção. Para que, enfim, a sociedade brasileira possa ser mais justa e democrática.

Texto cedido por Ana Luiza Souza Ferreira (aluna da autora)

Tema 5

Pedofilia

Sugestão de argumentação:

Para a Introdução

O filme "Lolita", inspirado no livro de mesmo nome, retrata a pedofilia na visão do próprio abusador. Dessa maneira, é possível analisar o comportamento da jovem vítima do olhar do pedófilo, compreendendo-se então, que se trata de uma patologia que leva o adulto a se sentir sexualmente atraído por crianças e adolescentes, podendo haver, até mesmo, estupros. No Brasil, há muitos debates devido a quantidade de possíveis casos que não chegam a ser notificados, já que são desconhecidos.

Para o D1

Diante desse prisma, parafraseando o filósofo Foucault, algumas temáticas são fortemente silenciadas para a manutenção de estruturas de poder. Destarte, vê-se a figura do homem, pai de família e respeitado pela comunidade, que exerce grande influência e dominação. O perfil desses mesmos indivíduos que é o mais comum de exercer crimes de abuso sexual em pessoas da própria família, ameaçando a vítima para que ela não conte a mais ninguém e esses delitos continuem acontecendo sem haver consequências para o abusador. Portanto, é indubitável que muitos casos de pedofilia são totalmente desconhecidos ou até encobertos para a proteção do criminoso.

Para o D2

Ademais, nota-se que a pedofilia consiste-se em uma problemática a ser tratada mesmo que não haja o crime de abuso sexual, de fato. Nesse sentido, ao analisar a internet, que fornece recursos para o anonimato, é possível encontrar diversos pedófilos e abusadores em potencial comentando em publicações de jovens, assediando-os e deixando-os extremamente desconfortáveis. Além disso, em sites de pornografia, há um grande conteúdo de crianças e adolescentes sendo abusados e vistos de forma sexual, atraindo uma grande quantidade de indivíduos.

Para a Conclusão

Infere-se, portanto, que medidas devem ser tomadas para acabar com a persistência da pedofilia no cenário brasileiro. Assim, as escolas, tanto públicas quanto particulares, devem, através de aulas, promover debates sobre educação sexual a fim de informar aos jovens o que é certo e errado em relação aos seus corpos, incentivando-os a denunciar em casos de abuso.

Texto cedido por Beatriz Sobreira Rios (aluna da autora)

Tema 6

Saúde Pública

Sugestão de argumentação:

Para a Introdução

O Sistema Único de Saúde criado em 1988 teve como principal fito garantir saúde a toda nação brasileira, seja ela por meio de hospitais, campanhas de vacinação, saneamento básico e/ou vigilância sanitária. A sua valorização é fulcral para a garantia do bem-estar de todo o tecido social, porém o descaso de parte da população e dos órgãos públicos em frente aos problemas ligados ao SUS coadunam para que esse sistema perca sua significância e deixe de assistir às classes mais pobres.

Para o D1

Sob esse viés, o processo de industrialização do Brasil no início de século XX contribuiu para a redefinição do papel do Estado assim como a implantação de políticas sociais que tiveram como escopo assegurar a segurança, saúde e condições de higiene dos trabalhadores brasileiros. De modo que anos depois a Constituição Federal Brasileira funda um sistema de saúde pública com o fito de assistir toda a população. Por outro lado, a má administração do SUS contribui para descuro do assessoramento das classes mais pobres. Em sua canção "Sem Saúde", o cantor brasileiro Gabriel O Pensador critica a saúde pública brasileira expondo os impasses que a sociedade enfrenta ao recorrer ao SUS, como a falta de verba, filas extensas e a ausência de amparo ao paciente.

Para o D2

Parafraseando Rousseau em sua obra "Contrato Social" é encargo de o Estado garantir o bem-estar coletivo, todavia o atual cenário brasileiro diverge das ideias do filósofo iluminista. Destarte a participação de toda população brasileira é fulcral na resolução de problemas como estes uma que vez que o Sistema Único de Saúde atende toda a população. Hodiernamente em vista do cenário pandêmico, o SUS tem sido essencial já que assiste seus pacientes de forma 100% gratuita disponibilizando consultas, tratamento médico/hospitalar e futuramente vacinas que irão combater

DICAS PRECIOSAS DE REDAÇÃO: RUMO À EXCELÊNCIA

o novo coronavírus, o que ressalta mais uma vez como a sociedade deve se engajar no combate à desigualdade de modo que o SUS funcione de forma justa.

Para a Conclusão

Faz-se mister que o estado – gestor de leis e ordens sociais – invista capital no setor de saúde pública brasileira endossando que o SUS assiste mais camadas do tecido social. Urge que a mídia – principal mediadora de conhecimento – por intermédio das redes sociais e/ou propagandas televisivas, incitem a população a valorizar o Sistema Único de Saúde. Destarte, é dever cívico exigir que o direito a saúde pública de qualidade seja assegurado para toda a nação brasileira, de modo que a população brasileira consiga enfrentar esse imbróglio sendo assistida de forma justa.

Texto cedido por Júlia Carneiro de Oliveira (aluna da autora)

Agora é com você:

Mais temas:

Tema 7: A crise do sistema carcerário

Tema 8: A importância de erradicar o analfabetismo no Brasil

Tema 9: Gravidez precoce

Tema 10: A exposição nas redes sociais e suas consequências

Tema 11: A importância do teatro para a vida do cidadão

Tema 12: Desperdício de água

Tema 13: Os direitos dos idosos no Brasil

Tema 14: Regulamentação do trabalho doméstico

Tema 15: O poder da palavra

Tema 16: Como superar os efeitos da Pandemia?

Tema 17: A crise de valores na atualidade

Tema 18: Suicídios de adolescentes no Brasil

Tema 19: Automedicação

Tema 20: A importância da educação a distância

Tema 21: A persistência da violência homofóbica

Tema 22: A impunidade no Brasil

Tema 23: Discurso de ódio na web

Tema 24: Mobilidade urbana

Tema 25: Bullying

5.1 PLANEJAMENTO TEXTUAL

Tempestades de ideia – Esquema

Introdução	D1	D2	Conclusão

5.2 REPERTÓRIO SOCIOCULTURAL

Teórico	Argumentação	Alusão histórica/dados estatísticos/filmes/músicas/exemplos

REFERÊNCIAS

ABREU, Márcia (org). **Leitura, história e história da leitura.** Campinas, SP: Mercado das Letras, 1999.

ANDRADE, Carlos Drummond de. **Poesia e prosa.** Rio de Janeiro: Nova Aguilar, 1983.

JOBIM, Antônio Carlos. **Falando de amor.** Rio de Janeiro: Gravadora Galeão, 1981.

AQUINO, Renato de. **Interpretação de textos.** Rio de Janeiro: Impetus, 2004.

AQUINO, Renato de. **Português para Concurso e 900 questões.** Rio de Janeiro: Impetus, 2002.

AZEVEDO, Fernando. **O livro e a escola nova.** Discurso publicado na página de educação: Diário de São Paulo. Copilado na Revista de Educação. São Paulo, [196-].

BALBIO, Marcelo. INTERNET, a mídia on-line. **Revista de Comunicação,** Salvador, 2013.

BARTHES, Roland. **O prazer do texto.** 4. ed. São Paulo: Perspectivas, 2004.

BEAUVOIR. Simone. **O Segundo sexo.** Rio de Janeiro: Nova Fronteira, 2008.

BOAVENTURA, Edvaldo. **Como ordenar as ideias.** São Paulo: Ática, 1988. p. 11.

CHARMEU, Eveline. **Aprender a ler vencendo o fracasso.** São Paulo: Cortez, 2000.

CITELLI, Adilson. **O texto Argumentativo.** São Paulo: Scipione, 1994.

DIMENSTEIN, Gilberto. **O cidadão de papel.** A infância, adolescência e os direitos humanos no Brasil. São Paulo: Ática, 2003.

DIP, Paula. **Primeira pessoa. Mais Vida.** Florianópolis: Editora Três, dez. 1997, p. 97.

SOARES, Elza. **Maria da Vila Matilde.** Rio de Janeiro: Deck, 11 de agosto de 2015.

FAZZOLARI, Davi. **Enem – nota máxima – Linguagens, Códigos e suas tecnologias.** São Paulo: Leya, 2013.

FLORIN, José Luiz. **Argumentação.** São Paulo: Contexto, 2015.

FURTADO, Lilian; PEREIRA, Vinícius Carvalho. **Técnicas de Redação para Concursos**. Teoria e Questões. 5. ed. São Paulo: Método, 2015.

FERRAZ, Geraldo Galvão. As manhas, as espertezas, os pulos-do-gato estão nas páginas dos grandes livros. Revista Língua Portuguesa, 2008.

FOLHA de S. Paulo. **Opinião**. São Paulo, 03 de março de 1999. Disponível em: www1.folha.uol.com.br. Acesso em: 10 nov. 2020.

GASSET, José Ortega y. **A Rebelião das Massas**. Salvador: Ibero Americano, 1971.

KAUFMAN, Ana Maria. Escola, leitura e produção de textos. Porto Alegre: Artes Médicas, 1995.

KOCH, Ingedora; ELIAS, Vanda Maria. Escrever e Argumentar. São Paulo: Contexto, 2018.

LENER, Delia. Ler e escrever na escola: o real, o possível e o necessário. Porto Alegre: Artmed, 2002.

LISPECTOR, Clarice. **A hora da estrela**. Rio de Janeiro: José Olympio, 1977.

LUFT, Lya. A força das palavras. **Revista Veja,** São Paulo, p. 20, 14 de julho de 2004.

MARCUSCHI, Luiz Antônio. Produção Textual: Análise de Gêneros e Compreensão. São Paulo: Parábola, 2008.

MARIA, Luiza. de. **Leitura e colheita**. Livros, leitura e formação de leitores. Petrópolis- RJ: Vozes, 2002.

MARTINS, Maria Helena. **O que é leitura**. São Paulo: Brasiliense, 2012.

MASSAUD, Moisés. **A literatura brasileira através dos textos**. São Paulo: Cultrix, 1997.

MIRANDA, José Américo. **Entre o instante e o tempo:** Um poema de Cassiano Ricardo. Programa der Pós-Graduação em Letras: Estudos Literários da Faculdade de Letras da UFMG, 1981. Disponível em: http://www.letras.ufmg.br/poslit. Acesso em: 20 nov. 2020.

PEASE, Allan. **Por que os homens fazem sexo e a mulher fazem amor?** Rio de Janeiro: Sextante, 2000.

PIGNATARI, Décio. **Informação, Linguagem, Comunicação**. São Paulo: Ateliê, 2002.

POLI, Maria Cristina. Feminino/Masculino. Rio de Janeiro: Zahar, 2007.

POSSENTI, Sírio. **Questões de Linguagem**. Passeio gramatical dirigido. São Paulo: Parábola, 2011.

REVISTA Língua Portuguesa. Editora Segmento. Disponível em www.revistalíngua.com.br. Acesso em: 10 jan. 2020.

SAVIOLI, Francisco Platão. O que a banca considera ser uma boa redação. **Revista Língua Portuguesa**. São Paulo: Segmento, 2014.

SAVIOLI, Francisco Platão. As particularidades dos vestibulares. **Revista Língua Portuguesa**. São Paulo: Segmento, 2014.

SAFFIOTI, Heleieth. **O Poder do Macho**. São Paulo: Moderna, 1987.

SAVIOLI, Francisco Platão; FIORIN, José Luiz. **Lições de texto**: Leitura e redação. São Paulo: Ática, 1997.

SEYFERTH, Giralda. Mestiçagem e imigração. **Revista de divulgação científica da sociedade brasileira para o progresso da ciência**. Departamento de Antropologia. Museu Nacional / UFRJ, 1986

SOLÉ, Isabel. **Estratégias de leitura**. Porto Alegre: Artes Médicas Sul, 1998.

SQUARISI, Dad; SALVADOR, Arlete. **Escrever melhor**. Brasília: Contexto, 2008.

TORRES, Lívia Guimarães Aragão. **Avaliação da Aprendizagem**: teoria e prática, uma relação social. São Paulo: Book Express, 2016.